AF286298

Dr. phil. Anton Seljak, geboren 1968. Studium der Russistik, Neueren Allgemeinen Geschichte und Alten Geschichte an der Universität Basel. 1998–2000 Assistent am Slavischen Seminar der Universität Basel. 1999–2002 Wissenschaftlicher Mitarbeiter des vom Schweizerischen Nationalfonds (SNF) geförderten Forschungsprojektes „Literatur und Kommerz. Schriftstellerberuf und Geldsymbolik im russischen Realismus 1840–1880". Archivaufenthalte in St. Petersburg (1999 und 2001) sowie in Paris (2001). Promotion 2004 an der Universität Basel. Unterrichtstätigkeiten an den Universitäten Basel und St. Gallen.

Publikationen zu Ivan S. Turgenev, Fedor M. Dostoevskij, Nikolaj D. Dmitriev-Orenburgskij, Vladimir V. Majakovskij, zum russischen Geld- und Kreditsystem, zu Gustav Mahler, Friedrich Nietzsche und zu Literaturtheorien des 20. Jahrhunderts.

Forschungsschwerpunkte: Allgemeine Kulturgeschichte, Intertextualität, Literatursoziologie und kulturwissenschaftliche Stereotypenforschung.

Anton Seljak

Richard Wagner und das Judentum

Feindschaft aus Nähe?

Anmerkungen und Reflexionen

2013

Books on Demand GmbH
Norderstedt

Bildnachweis:

Umschlag Vorderseite: Ausschnitt aus François Georgins *Le Juif-Errant* (*Image d'Épinal*).
(Quelle: gemeinfrei; Zeitschrift *Perhinderion* I, Paris, März 1896)

Gegenüberliegende Seite und Umschlag Rückseite: Karikatur „Das Judenthum in der Musik, wie es Richard Wagner gefällt – wenn es nämlich 25 Gulden für einen Fauteuil bezahlt".
(Quelle: gemeinfrei; Zeitschrift *Kikeriki*, Wien 1872, hier nach Fuchs/Kreowski 1907, 59, Abb. 63)

S. 44: Karikatur von Th. Zajacskowski: „Darwinistische Entwicklungslehre: Wie aus Roof Wägeles, Schofarbläser in Leipzig, allmählich – Richard Wagner wurde".
(Quelle: gemeinfrei; Zeitschrift *Der Floh*, Wien s. a., hier nach Storck 1910, 403, Abb. 432)

S. 45: Wiener antisemitische Karikatur auf Wagner von Karel Václav Klíč.
(Quelle: gemeinfrei; Zeitschrift *Humoristische Blätter* Wien (1873), hier nach Fuchs/Kreowski 1907, 58, Abb. 62)

S. 46: „Wagner in Wien". Ausschnitt aus einem Tableau.
(Quelle: gemeinfrei; Zeitschrift *Der Floh*, Wien 1875, hier nach Storck 1910, 405, Abb. 435)

6., neu bearbeitete, aktualisierte und erweiterte Auflage. 2013

© 2011 Anton Seljak
Alle Rechte vorbehalten
Herstellung und Verlag:
Books on Demand GmbH, Norderstedt

ISBN 978-3-8423-4507-2

„Das Judenthum in der Musik, wie es Richard Wagner gefällt
– wenn es nämlich 25 Gulden für einen Fauteuil bezahlt"

Karikatur aus der Zeitschrift *Kikeriki* (Wien 1872)

Ich hasse ihn, auf Knien.

Leonard Bernstein über sein Verhältnis zu Wagner

Was hat die Musik mit die Juden zu thun oder mit die Christen? […] Was hasst Jud, was hasst Christ bei Musik? Is Musik koscher? Is eine Melodie trefe? Muss man denn Noten einsalzen und auswaschen? Muss man eine Fidel schachten?

Heinrich Elchanan York-Steiner, Mendele Lohengrin. Die Geschichte eines Musikanten (1898)

Bei der vorliegenden, essayistisch angelegten und dadurch bewusst in einem überschaubaren Rahmen gehaltenen Untersuchung handelt es sich, wie der Untertitel der Schrift vorwegnimmt, um „Anmerkungen" und „Reflexionen" zu Richard Wagner (1813–1883) und dem Judentum. In den vergangenen Jahrzehnten ist eine Vielzahl von diskurstheoretisch heterogenen, teilweise höchst disparaten Beiträgen zu diesem Thema erschienen – ein Umstand, den Jens-Malte Fischer pointiert auf den Nenner bringt: „Die Literatur zu Wagners Antisemitismus füllt inzwischen ganze Regale."[1] Allein schon die Titel der einschlägigen Publikationen lassen erahnen, dass dabei unterschiedliche Agenden verfolgt werden. So reicht der Bogen des Erkenntnisinteresses etwa von „Wagner und den Juden" über „Wagner und den Antisemitismus" und „Wagner als Vorboten des Antisemitismus" bis zu „Wagners Antisemitismus".

An die vorhandenen Forschungsergebnisse anknüpfend und die nach wie vor offenen Fragen reflektierend, steht im Folgenden die Konstellation „Wagner und das Judentum" im Mittelpunkt. Dabei bezeichnet der Begriff des Judentums die Gesamtheit aus jüdischer Kultur, Geschichte, Religion, Tradition und jüdischen Bräuchen, und es geht darum, aus einem übergreifenden Themenkomplex einige merkmalhafte Aspekte schlaglichtartig hervorzuheben. Erörtert werden Fragen nach dem Antijudaismus bzw. Antisemitismus bei Wagner, nach antijüdischen Motiven und Abwertungsmustern in seinem Œuvre, aber auch nach Wagners gespaltenem Verhältnis zu seinen jüdischen Zeitgenossen und zum Judentum als Ganzem, freilich ohne den Anspruch auf eine erschöpfende Darstellung oder auf grundlegend neue Erkenntnisse zu erheben.

Vielmehr soll dem Leser ein Überblick über ein nach wie vor hochaktuelles, bisweilen emotional stark aufgeladenes und seit jeher kontrovers diskutiertes Thema ermöglicht werden. Die damit einhergehenden Ambivalenzen dienen dazu, die Berechtigung reflexartiger Pro- oder Contra-Positionen zu hinterfragen und die breite Bespielbarkeit mancher Deutungshoheit offenzulegen. Es geht dabei ausdrücklich um den Versuch einer „Annäherung" an verschiedene Standpunkte, Quellenauslegungen, Debattenverläufe und ‚objektive' oder ‚subjektive' „Wahrheiten", die oft monothematisch eingeengt sind oder sogar monolithisch aus der Vielzahl möglicher Lesarten herausragen. In diesem Sinne sind nachweisbare Fakten ebenso wie vage Indizien oder diffuse, zu eristischer Dialektik herausfordernde Aussagen und Auslegungen anhand belastbarer Quellen zu operationalisieren und auf plausible Konstellationen hin zu prüfen.

---

[1] Fischer 2012, 247.

Anstelle einer ausgreifenden Paraphrasierung ausgewählter und damit einem ohnehin abermals subjektiven Blickwinkel ausgesetzter Texte soll der hier gewählte Ansatz dem Leser die Möglichkeit eines „Close Reading" ermöglichen. Die Voraussetzung hierfür schaffen zahlreiche einschlägige Zitate aus bekannten, aber auch aus weniger bekannten Primär- und Sekundärquellen, die nicht aus ihren Zusammenhängen gerissen, sondern möglichst in den jeweiligen Kontexten belassen werden, um die Gelegenheit einer multiperspektivischen Rezeption zu eröffnen. Dass ein auf diese Weise entfalteter offener Diskursraum ein permanentes Changieren zwischen einzelnen Positionen und Auslegungen – bis hin zu einem Verharren im Ungefähren – impliziert, gehört zur Natur der Sache. Die Untersuchung soll überdies Impulse zur Anschlusslektüre geben und nicht zuletzt auch zur Reflexion anregen, ob und inwiefern der hier zur Diskussion gestellte Problemkomplex zu einer Überformung der Persönlichkeit Wagners führt, die Wirkungs- und Rezeptionsgeschichte übermäßig bestimmt und letztendlich den offenen Blick auf Wagners musikdramatisches Werk verstellt. Denn dieses offenbart in seinem vielfältigen Gehalt ebenso wie in der jeweiligen Ausgestaltung der Darbietungen sehr präzise, was uns geistig und politisch umtreibt. Der slowenische Philosoph, Kulturkritiker und Psychoanalytiker Slavoj Žižek stellt in diesem Zusammenhang daher zu Recht die Frage, ob „sich nicht in den großen Umbrüchen der Wagner-Inszenierungen die Triade aus Traditionalismus – Moderne – Postmoderne" verdichte:

> Bayreuth – und Wagners Werk insgesamt – erweist sich immer mehr als ein unüberbietbarer Kanon, vergleichbar nur den griechischen Tragödien und Shakespeare. Er ist keine Grundlage mit fixer Bedeutung, sondern ein dauernder Bezugsrahmen, der nach immer neuen Inszenierungen verlangt, mit denen er gefüttert werden muss, damit er lebendig bleibt. Durch eine Neuinszenierung Wagners machen wir uns radikal klar, wo wir stehen, und die Kraft des Wagnerschen Werkes liegt gerade darin, dass es ständig neue Interpretationen überlebt.[2]

Mein besonderer Dank gilt Prof. em. Dr. Heiko Haumann, dessen wertvolle wissenschaftliche Anregungen und gewinnbringende Ratschläge meinen Forschungsansatz wesentlich beeinflusst haben. Für zahlreiche fruchtbare Diskussionen bin ich Dr. Kerstin Hug und für das Korrektorat Paul Wiechert verbunden.

Anton Seljak, im März 2013

---

[2] Žižek 2003b, 1 u. 4.

In der Religion sind uns die Juden längst keine hassenswürdigen Feinde mehr – dank unseren Frömmlern und Jesuiten, die allen Volkshass auf sich allein nur noch gelenkt haben, sodass mit *ihrem* dereinstigen Falle die Religion nach ihrer jetzigen Bedeutung (welche viel mehr die des Hasses als der Liebe war) vermutlich ebenfalls untergegangen sein wird!

In der reinen Politik sind wir mit den Juden nie in wirklichen Konflikt geraten; wir gönnten ihnen selbst die Errichtung eines jerusalemischen Reiches und hatten in diesem Bezuge eher zu bedauern, dass Herr v. Rothschild zu geistreich war, um König der Juden werden zu wollen, wogegen er bekanntlich vorzog, der Jude der Könige zu bleiben.

Anders verhält es sich da, wo die Politik zur Frage der Gesellschaft wird: Hier hat uns die Sonderstellung der Juden unter anderen Staatsangehörigen seit ebenso lange als Aufforderung zu menschlicher Gerechtigkeitsübung gegolten, als in uns selbst der Drang nach sozialer Befreiung zu deutlicherem Bewusstsein erwachte. Als wir für Emanzipation der Juden stritten, waren wir aber doch eigentlich mehr Kämpfer für ein abstraktes Prinzip als für den konkreten Fall: Wie all unser Liberalismus ein luxuriöses Geistesspiel war, in dem wir für die Freiheit des Volkes disputierten ohne Kenntnis dieses Volkes, ja mit Abneigung gegen jede wirkliche Berührung mit ihm, so entsprang auch unser Eifer für die Gleichberechtigung der Juden viel mehr aus der Anregung des bloßen Gedankens als aus realer Sympathie, denn bei allem Reden und Schreiben für Judenemanzipation fühlten wir uns, bei wirklicher, tätiger Berührung mit Juden, von diesen unwillkürlich stets abgestoßen.

Richard Wagner, *Das Judentum in der Musik* (1850)

Abends mit Herrn (sic) R[ichard]. allein [...]. Das Gespräch schließt mit einer sehr erregten Darstellung des Übels, welches die Juden über uns Deutsche gebracht; R[ichard]. sagt: Persönlich habe [er] die besten Freunde unter den Juden gehabt, aber ihre Emanzipation und Gleichstellung, bevor wir Deutschen etwas waren, sei verderblich gewesen. Er halte Deutschland für vernichtet. Und ihn bekümmere es, weil Anlagen da gewesen seien, die wohl dies zu bedeuten gehabt hätten. Der Deutsche wurde von den Juden ausgebeutet und verlacht, dabei sei er im Ausland verhasst. Er würde nun träge, trunken, wolle es auch so machen wie die Juden; Treu und Glauben seien bei ihm unterwühlt. Freilich träfe eine Hauptschuld die Regierungen. Aber es sei alles Schicksal! Nur Hoffnung habe er, R[ichard]., nicht mehr.

Aus Cosima Wagners Tagebucheintrag vom 27. Dezember 1878

Zur Frage nach jüdischen Figuren in Wagners Opern

Die Bewertung von Richard Wagners Antisemitismus[3] in seinem Wirken und Schaffen ist bis heute Gegenstand unterschiedlichster Perspektiven und Interpretationen.[4] Wagners antisemitischer Diskurs, dessen Ausgangspunkt sein ausgeprägter Antikapitalismus gewesen sein dürfte, reflektiert in beträchtlichem Maße seine eigene Ambivalenz im Verhältnis zu Judentum, Religion, zur zeitgenössischen politischen Landschaft, aber auch zum Konzert- und Opernbetrieb mit all seinen Implikationen für Finanzkraft und persönliches Renommee.

Während dem Antisemitismus die Bedeutung eines „Leitmotivs" in Wagners Leben zugesprochen werden kann, so war dieser Antisemitismus in sich doch sehr widersprüchlich.[5] Denn Wagner war (auch) im Hinblick auf seine Haltung zu den Juden und zum Judentum eine äußerst komplexe, vielschichtige und höchst zwiespältige Persönlichkeit, die ihre Urteile und Auslassungen mehrfach wendete, zuspitzte, dann wieder abmilderte oder bis zum Äußersten bemühte. Unbestritten ist, dass Wag-

---

[3] Die hier und im Folgenden verwendeten Termini „Antijudaismus" und „Antisemitismus" unterscheiden sich dadurch, dass der „Antijudaismus" generell eine ablehnende bis feindschaftliche Haltung gegenüber Juden als solche bezeichnet. Demgegenüber akzentuiert der 1879 im völkisch-rassistischen Klima um den Journalisten Wilhelm Marr in Berlin geprägte Begriff „Antisemitismus" diese Feindseligkeit primär im Kontext des damaligen „Rasse"-Denkens.

Streng genommen ist die Bezeichnung „Antisemitismus" für die Animosität gegenüber Juden irreführend, da zu den sogenannten „Semiten" auch arabisch sprechende Völker gehören, wohingegen sich der „Antisemitismus" begriffsgeschichtlich ausschließlich auf die Juden bezieht. Der Begriff „Semiten" bezeichnet bestimmte Völkerschaften, deren Sprachen einander sehr ähnlich sind, also Sprachgemeinschaften. Zu den semitischen Sprachen gezählt werden etwa Phönizisch, Maltesisch, Hebräisch, Aramäisch, Arabisch, Amharisch und Tigrinisch, das in Äthiopien und Eritrea gesprochen wird. Als Stammvater der semitischen Völker und damit auch als biblischer Namensgeber gilt Sem, ein Sohn des Noah.

[4] Vgl. etwa Fischer 2000a, 2000b, Rattner 1986 sowie die Kurzfassungen der Beiträge zum Symposium „Wagner und die Juden", Bayreuth, 6. bis 11. August 1998 (http://goldenpages.jpehs.co.uk/static/conferencearchive/98-8-wuj.html (letzter Abruf am 4. Januar 2013). Ausführlich zu Wagner und den Juden: Borchmeyer/Maayani/Vill 2000a sowie Borchmeyer 1986.

[5] Friedländer 1998.

ner die Juden und die jüdische Kultur (bzw. was er darunter verstand) dezidiert, bisweilen fast obsessiv, über Jahrzehnte hinweg und in teilweise äußerst disparaten Zusammenhängen, mit sprachlichen wie gedanklichen Entgleisungen und bedenklichen Sprachbildern angriff. Wagners Invektiven erfolgten zu einem wesentlichen Teil *privatissime* und konnten sich dabei, wie Cosima Wagners Aufzeichnungen zeigen, durchaus auf Stammtischniveau bewegen. Doch auch *coram publico* – vor allem in schriftlicher Form – äußerte sich Wagner immer wieder über die Juden und deren Rollen in der Gesellschaft sowie im kulturellen Leben. Dass sich freilich Wagners antijüdischer Reflex auch in seinem Privatleben differenziert bemerkbar machen konnte, zeigt ein auf den 13. November 1879 datierter Tagebucheintrag Cosima Wagners. Darin heißt es:

> Eine zweite Rede vom Pfarrer Stoecker bringt R[ichard]. darauf, auszurufen: Ach! Nicht die Juden sind es, ein jedes Wesen sucht sein Interesse zu fördern, wir sind es; wir der Staat, die wir solches gestatten. So auch die Börse, anfänglich eine freie, gute Institution, was haben wir daraus werden lassen. Und er erzählt von der jetzigen Anleihe, welche der Staat macht und die wiederum nur ein Vorschub diesem bösen spekulativen Geiste leistet![6]

Bis heute (bisweilen heftig) umstritten ist demgegenüber die Ansicht mancher Musikwissenschaftler und Wagner-Forscher, dass der Komponist auch Judenkarikaturen, antisemitische kulturelle wie historische „Codes" und Embleme in sein musikdramatisches Werk eingeführt haben soll. Verwiesen wird dabei häufig auf Figuren wie Hagen, den tyrannischen Zwerg Alberich und dessen Bruder Mime (*Der Ring des Nibelungen*; 1848–1874, Uraufführung 1876), sodann auf den Stadtschreiber Sixtus Beckmesser (*Die Meistersinger von Nürnberg*; 1868) oder auf Kundry (*Parsifal*; 1882).[7] Zu dieser nach wie vor ergebnisoffenen Aus-

---

[6] Wagner, Cosima: *Die Tagebücher*, II, 442. In: Wagner, Werke, Schriften und Briefe, 39137. Vgl. demgegenüber Anmerkung 25.

[7] So schreibt etwa Theodor W. Adorno (1974, 19):

> Der Gold raffende, unsichtbar-anonyme, ausbeutende Alberich, der achselzuckende, geschwätzige, von Selbstlob und Tücke überfließende Mime, der impotente intellektuelle Kritiker Hanslick-Beckmesser, all die Zurückgewiesenen in Wagners Werk sind Judenkarikaturen. Wie sie den ältesten deutschen Judenhass aufrühren, so scheint zuweilen die Romantik der Meistersinger im Klang Schmähverse vorwegzunehmen, die erst sechzig Jahre später auf den Straßen gellten: „Edler Täufer, Christs Vorläufer, nimm uns gnädig an, dort am Fluss Jordan."

einandersetzung um die Nachweisgrenzen antijüdischer Diskurse und jüdischer *Dramatis personae* in Wagners musikalischem Werk äußert sich der (bei manchen Wagner-Forschern allerdings aus unterschiedlichen Gründen umstrittene) Germanist und Filmwissenschaftler Marc A. Weiner folgendermaßen:

> Zu den kontroversesten Themen der Wagner-Forschung gehört bis heute die Frage, ob auch in seinen Musikdramen Spuren jenes Antisemitismus zu finden seien, den der Komponist in diversen Schriften freimütig geäußert hat – vor allem aber, welche weitergehenden Folgerungen sich aus dieser Verbindung für die deutsche Kulturgeschichte sowie für unsere heutige Bewertung Wagners und seiner Werke ergeben. Äußerst umstritten ist diese Frage vor allem deshalb, weil damit ein Aspekt der deutschen Kulturgeschichte berührt ist, der die Diskussionen über die deutsche Identität bis heute mit einer schweren Hypothek belastet – nämlich die nationalsozialistische Inanspruchnahme von Wagners Werken als gültiger ästhetischer Ausdruck der eigenen Ideologie (ob zu Recht oder zu Unrecht, darüber lässt sich nach wie vor trefflich streiten).[8]

In seiner Untersuchung analysiert Weiner „die antisemitische Dimension von Wagners Musikdramen vor einem doppelten Hintergrund" – „zum einen im Kontext der vielfältigen, gegen die Juden und ihren kultu-

---

Zur Figur des Beckmesser vgl. in diesem Kontext auch Wagner, Cosima: *Die Tagebücher*, I, 208 f. (Eintrag vom 14. März 1870). In: Wagner, *Werke, Schriften und Briefe*, 33827 (Hervorhebung im Original):

> *Montag 14ten* […] – In der Musikalischen Zeitung ist ein Bericht über die Aufführung der MSinger (Meistersinger; A. S.) in Wien. Unter anderem hatten die J.[uden] dort verbreitet, das Lied von Beckmesser sei ein altes jüdisches Lied, welches R[ichard]. habe persiflieren wollen. Hierauf Zischen im 2ten Akt und die Rufe, wir wollen es nicht weiter hören, jedoch vollständiger Sieg der *Deutschen*. R[ichard]. sagt: „Das bemerkt keiner unsrer Herren Kulturhistoriker, dass es jetzt so weit ist, dass die Juden im kaiserlichen Theater zu sagen wagen: Das wollen wir nicht hören." –

Sämtliche Zitate sind hier und im Folgenden mit Rücksicht auf eine leichtere Lesbarkeit behutsam der heutigen Orthographie und Zeichensetzung angepasst worden. Dort, wo die ursprüngliche Schreibweise beibehalten wird, erfolgt ausdrücklich ein entsprechender Hinweis. Offensichtliche Schreib- und Grammatikfehler werden, wie in wissenschaftlichen Arbeiten üblich, mit einem „(sic)" markiert, jedoch nicht korrigiert.

[8] Weiner 2000, 12.

rellen Einfluss gerichteten Äußerungen des Komponisten (in Essays, Traktaten, Briefen und autobiographischen Schriften), und zum anderen vor dem Hintergrund rassistischer Ikonographien in der deutschen Kultur des 19. Jahrhunderts – der Kultur Wagners"[9]. Weiner vertritt die Ansicht, dass Hagen, Beckmesser, Alberich oder Mime nicht „im wörtlichen Sinn als Juden zu verstehen sind (was im Falle Beckmessers angesichts seiner sozialen Stellung im Nürnberg des 16. Jahrhunderts geradezu unmöglich wäre, aber auch in der zeitlosen mythischen Welt des *Rings*)". Vielmehr seien, so Weiner, „Hagen, wie auch die anderen genannten Figuren, ein ästhetisches Konstrukt, das als Projektionsfläche fungiert, auf die Wagner und seine Zeitgenossen verschiedene Zeichen der Andersartigkeit projizierten und/oder auf der sie diese Zeichen wiedererkannten – Zeichen, die letztlich für gemeinsame Vorurteile und Ängste stehen"[10].

Demgegenüber ist Slavoj Žižeks Blick auf Hagen deutlich differenzierter und dezidierter:[11]

> Die Gestalt des Hagen ist zutiefst zwiespältig: Zunächst im *Nibelungenlied* wie auch in Fritz Langs Film[12] als Finsterling geschildert, entwickelt er sich zum Helden und wird am Ende als Vorbild für Nibelungentreue erlöst, einer Treue zur Sache bis in den Tod. Der Konflikt tobt hier zwischen der Treue zum Meister und unseren alltäglichen moralischen Verpflichtungen: Hagen steht für eine Art teleologischer Aufhebung der Moral im Namen der Treue, er ist der Gefolgsmann schlechthin. [...]
>
> Bezeichnenderweise stellt allein Wagner Hagen, als eine Gestalt des Bösen dar – steht Wagner also nicht trotz allem im modernen Raum der Freiheit? Und ist hingegen Fritz Langs Rückkehr zum positiven Hagen, nicht ein Zeichen dafür, dass das 20. Jahrhundert von der Wiederkehr einer neuen Barbarei geprägt ist? Wagners Genius erahnte schon die kommende Figur des rücksichtslosen Vollstreckers der Faschisten, der zugleich aufhetzender Demagoge ist. Was Hagen, zu einem Protofaschisten macht, ist seine Rolle als rückhaltloser Unterstützer eines schwachen Herrschers, König Gunther. Er erledigt die Drecksarbeit für Gunther, die zwar notwendig ist, dem Blick der

---

[9] Weiner 2000, 12.
[10] Ebd. 370.
[11] Žižek 2003b, 2.
[12] Gemeint ist Fritz Langs Zweiteiler *Die Nibelungen*: I: „Siegfried" (1922) und II: „Kriemhilds Rache" (1924).

Öffentlichkeit aber entzogen bleiben muss – „Unsere Ehre heißt Treue".[13]

Für Žižek stellt die (historische) „Kodierung" bzw. „Dekodierung" jüdischer Charaktere im Sinne eines Clusters von Chiffren ein wesentliches, wenngleich problematisches, da unzulängliches hermeneutisches Mittel in Wagners Musikdramen dar. So schreibt Žižek, auf Weiner kritisch verweisend, in seinem Essay *Why is Wagner Worth Saving?*:

> […] was the paradoxical price for Wagner's negative portrayal of Hagen not his *Judifizierung*? A lot of historical work has been done recently trying to bring out the contextual „true meaning" of the Wagnerian figures and topics: The idea is that Wagner is mobilizing historical codes known to everyone in his epoch: when a person stumbles, sings in cracking high tones, makes nervous gestures, etc., „everyone knew" this is a Jew, so Mime from *Siegfried* is a caricature of a Jew; the fear of syphilis as the illness in the groin one gets from having intercourse with an „impure" woman was an obsession in the second half of the 19th century, so it was „clear to everyone" that Amfortas really contracted syphilis (sic) from Kundry. Marc Weiner developed the most perspicuous version of this decoding by focusing on the micro-texture of Wagner's musical dramas – manner of singing, gestures, smells – it is at this level of what (Gilles; A. S.) Deleuze would have called presubjective (sic) affects that anti-Semitism is operative in Wagner's operas, even if Jews are not explicitly mentioned: in the way Beckmesser sings, in the way Mime complains. […][14]

However, the first problem here is that, even if accurate, such insights do not contribute much to a pertinent understanding of the work in question. One often hears that, in order to understand a work of art, one needs to know its historical context. Against this historicist commonplace, one should affirm that too much of a historical context can blur the proper contact with a work of art – in order to properly grasp, say, *Parsifal*, one should ABSTRACT from such historical trivia, one should precisely DECONTEXTUALIZE the work, tear it out from the context in which it was originally embedded. Even more, it is, rather, the work of art itself which provides a context enabling us to properly understand a given historical situation.

---

[13] Žižek 2003b, 2.
[14] Žižek 2004, 24 f. (Hervorhebungen im Original).

There is another, more fundamental, problem with such historicist decoding: it is not enough to „decode" Alberich, Mime, Hagen etc. as Jews, making the point that the *Ring* is one big anti-Semitic tract, a story about how Jews, by renouncing love and opting for power, brought corruption to the universe; the more basic fact is that *the anti-Semitic figure of the Jew itself is not a direct ultimate referent, but already encoded, a cypher of ideological and social antagonisms.* […] An appropriate reading of Wagner should take this fact into account and not merely „decode" Alberich as a Jew, but also ask the question: *how does Wagner's encoding refer to the „original" social antagonism of which the (anti-Semitic figure of the) „Jew" itself is already a cypher?*[15]

In seinem ungefähr zeitgleich publizierten und eng mit *Why is Wagner Worth Saving?* verbundenen Essay *Tanz der lebenden Toten* weist Žižek auf eine weitere, an den soeben zitierten Passus anschließende Kalamität hin:

Die Sache wird durch die Uneindeutigkeit von Wagners Beschreibung noch komplizierter. Nehmen wir Mime, der als die Karikatur eines Ghettojuden gilt. Aber sieht Wagner Siegfrieds grausame Behandlung von Mime nicht auch kritisch? Im *Siegfried* gibt es eine ungezügelte, vermeintlich unschuldige Aggressivität, einen Drang, geradewegs den zu zerquetschen, der einem auf die Nerven geht. „Seh' ich dich stehn, gangeln und gehn, / knicken und nicken, / mit den Augen zwicken, / beim Genick möcht' ich den Nicker packen, / den Garaus geben dem garst'gen Zwicker!", sagt Siegfried im ersten Akt. Ist das nicht der elementarste Ekel, dieser vom Ego verspürte Widerwille, wenn er mit dem eindringenden Fremdkörper konfrontiert wird?[16]

Wagner seinerseits bezeichnete keine seiner Bühnenfiguren explizit als jüdisch. Dass die oben angeführten Charaktere Judenporträts und Judenkarikaturen darstellen bzw. darstellen sollen, ist demnach primär bedingt durch die Subtextualisierung von Wagners musikalischem Oeuvre auf der Grundlage seiner theoretischen Schriften zum Judentum.[17] Was den Zwerg Mime anbelangt, so ist dieser negativ gezeichnete Charakter wohl nicht als Judenkarikatur, sondern eher als allgemeine Darstellung des Bösen zu deuten. In der Forschung ist sogar die Behauptung aufgestellt

---

[15] Žižek 2004, 25 (Hervorhebungen im Original).
[16] Žižek 2003b, 4 (Hervorhebung im Original).
[17] Danuser 1998; Friedländer 1998.

21

worden, dass Mime schon deshalb keine jüdische Figur sein könne, weil auch er den Stabreim verwendet, den Wagner als Grundlage der deutschen Sprache betrachtete und gerade in der *Ring*-Dichtung bewusst einsetzte (was manche zeitgenössische Parodisten auf den Plan rief).[18] Mittlerweile hat die Forschung gezeigt, dass der Stabreim nicht der Beschwörung des Germanentums dient, sondern vielmehr einen wesentlichen Bestandteil des wagnerschen Gesamtkunstwerkkonzeptes mit Blick auf die Engführung von Musik und Sprache darstellt.

Eine andere These weist darauf hin, dass sich gerade jene angeblich jüdischen Figuren in Wagners Werk als höchst menschlich, weil bemitleidenswert erweisen.[19] Der deutsch-jüdische Musikwissenschaftler Alfred Einstein wiederum sieht in der Saga von den charakterlich unterschiedlichen, aber im *Ring des Nibelungen* gleichermaßen verachteten Zwergenbrüdern Alberich und Mime eine Chiffre für das ungleiche, sich immer fremder werdende Brüderpaar Ost- und Westjude. Gustav Mahler schließlich, der selbst Jude war und auf Antisemitismus empfindlich reagierte,[20] war sogar fest davon überzeugt, dass die Figur des Mimen in

---

[18] Vgl. Danuser 1998.

[19] So bei Horowitz 1998.

[20] Als ein Berliner Musiker 1910 der Ansicht war, es müsse ihn vor dem Hintergrund des allgemein antisemitisch gestimmten Zeitgeistes nicht berühren, wenn über Mendelssohn Bartholdy schlecht geredet würde, fuhr Mahler ihn wütend an: „Natürlich geht Sie das an! Das ist das europäische Laster, dass alle sagen: ‚Das geht mich nichts an!'" (Zitiert nach Pumpe 2007, 343). Ausführlich zu Judentum und Identität bei Mahler: Fischer 2003, 310–337).

Fischer (2012, 247) konstatiert, dass Gustav Mahler keineswegs der Erste gewesen sei, der unter antisemitischen Qualifizierungen zu leiden hatte: „Der Verursacher, das böse Prinzip, der Diabolus in musica heißt in diesem Fall Richard Wagner." Fischer setzt damit Wagner und dessen Schrift *Das Judentum in der Musik* an den Anfang einer die nachfolgenden Jahrzehnte prägenden Tradition einschlägiger „Argumentationsstrukturen des Antisemitismus" (ebd.) in der Musikbranche. So fährt Fischer fort (ebd. 248):

> Wagner ist keineswegs der Erste auf diesem Feld, aber das entlastet ihn nicht, denn er ist der Erste, der die Übertragung des Antisemitismus auf das Musikleben mit einer prekären „Systematik" verfolgt und dieser dann 1869 mit dem Gewicht seines schon europaweit berühmten Namens die entsprechende Resonanz verleiht. […] Auffallend ist, dass wie hier die Quelle der wesentlichen Stichwörter antisemitischer Musikpamphlete, weit über den Fall Mahler hinaus, erkennen.

Siegfried (1876) als Persiflage eines Juden konzipiert war. Dessen ungeachtet, hatte Mahler an dieser Darstellung offenbar nichts auszusetzen. Dass Mahler an Wagners antisemitischen Ausfällen keinen – oder zumindest nicht offen – Anstoß nahm, sie schlichtweg ignorierte oder auch einfach erduldete, dürfte an seiner Wagner-Verehrung gelegen haben. Diese zeigt sich beispielhaft anhand von Mahlers Aussage, dass er sich selbst als „Streiter für das Heiligtum" betrachte (womit er sowohl den Künstlerdemiurgen Wagner als auch dessen musikdramatisches Werk meinte).[21]

Die jüngere Forschung tendiert eher zu der Feststellung, dass sich Wagners Antijudaismus in seinen Werken nicht unmittelbar niedergeschlagen habe, zumindest seien in den Libretti keine eindeutigen antisemitischen Klischees zu finden. Ob diese jedoch im Subtext mitschwingen, zeitgenössische Stereotype bedienten und dadurch eine entsprechende Lesart anbieten, ist eine andere Frage.[22] Betrachtet man Wagners Musikdramen als „Ideendramen", in denen die ewigen Themen des Daseins, mithin gesellschaftliche, politische, moralische und ästhetische Fragen und Grundkonflikte behandelt werden,[23] kommt der Frage nach der Entfaltung jüdischer Charaktere und damit verbundener Konnotationen eine besondere Bedeutung zu: Dass eine offensichtliche Existenz jüdischer Figuren in den Musikdramen nicht wirklich greifbar ist, könnte einen Hinweis darauf geben, welche Intentionen und Implikationen Wagners Kunst zugrunde liegen: So scheint Wagner etwa für seine weitreichende und sich allenthalben manifestierende Kapitalismuskritik[24]

---

[21] Zitiert nach Recknagel 2012, 173. Vgl. hierzu auch ebd. 177 sowie Seljak 2012a, 79:

> Um Konflikten, die sich ihm als konvertierten Juden und vom Antisemitismus betroffenen Wagner-Dirigenten wie Wagner-Verehrer stellten, aus dem Weg zu gehen, hob Mahler Wagner über nationale Einheiten hinaus und vermittelte „zwischen dem deutschtümelnden Antisemiten und dem genialen Künstler Wagner" (PUMPE [2007, 337; A. S.]). Zudem rückte Mahler den auf diese Weise ins Übernationale erhöhten Wagner an das in die Diaspora verstreute kosmopolitische Judentum – und damit auch an sich selbst – heran.

[22] Vgl. Jütte 2009a, Safranski 2007, 263 u. 268 sowie Kneif 1975, 118.

[23] Vgl. Žižek 2004.

[24] *Ein* markantes Beispiel von Wagners Hass auf den Kapitalismus ist die folgende Textstelle aus seiner Abhandlung *Religion und Kunst* (1880):

> Uns aber dürfte daraus kein moralischer Nachteil erwachsen, dass wir, etwa nach Christus' Worten: „gebet dem Kaiser was des Kaisers, und

keinen Anlass gehabt zu haben, in seinen Musikdramen offen auf antisemitische Feindbilder oder Projektionsflächen zurückzugreifen. Eine derart gestaltete narrative Kleinteiligkeit hatte und hat Wagners Gesamtkunstwerkkonzept nicht nötig.

Jüdische Weggefährten: Heinrich Heine

Wie anhand zahlreicher Primärquellen – etwa der Tagebücher Cosima Wagners, der Erinnerungen und Aufzeichnungen von Zeitgenossen, vor allem aber Wagners eigener Texte – aufgezeigt werden kann, waren die Juden für Wagner die Personifikation des Geld- und Handelsgeistes schlechthin, und das nicht nur im Geschäftsleben, sondern auch im Kulturbetrieb.[25] Von daher mutet es geradezu paradox an, dass Wagner des ungeachtet eng mit Juden zusammenarbeitete, so beispielsweise mit dem Dirigenten Hermann Levi, dem Komponisten Giacomo Meyerbeer oder dem Dichter Heinrich Heine. Mit Heine, der Wagner während dessen Armutsjahre – einer für Wagner nachgerade kenotischen Grenzerfahrung[26] – finanziell unterstützte und überdies mit

---

Gotte was Gotte ist", den Jägern ihre Jagdreviere lassen, unsere Äcker aber für uns bauen: die von unserem Schweiße gemästeten, schnappenden und schmatzenden Geldsäcke unserer Zivilisation aber, möchten sie ihr Zetergeschrei erheben, würden wir etwa wie die Schweine auf den Rücken legen, welche dann durch den überraschenden Anblick des Himmels, den sie nie gesehen, sofort zu staunendem Schweigen gebracht werden. (Wagner, *Werke, Schriften und Briefe; Sämtliche Schriften und Dichtungen*, X, 243.)

[25] So vermerkt Cosima Wagner am 22. Dezember 1880 in ihrem Tagebuch:
Nach Tisch liest er (Wagner; A. S.) uns die Debatte über die Juden-Frage vor und spricht sich dahin aus, dass alle Reden und Maßregeln unnütz seien, so lange der Besitz da sei. Der Welt-Friede würde allerdings in dieser Frage geholfen haben, aber so lange man auf dem Wehrfuß einer gegen den andren stünde, so lange würden auch die Juden mächtig sein. Sie seien die einzigen wirklich Freien, denn nur mit Geld jetzt kann ich es vermeiden, dass mein Sohn ein Sklave des Staates sei. (Wagner, Cosima: *Die Tagebücher*, II, 644. In: Wagner, *Werke, Schriften und Briefe*, 39854).

[26] Bezeichnend für die äußerst entbehrungsreiche Phase in Richard und Minna Wagners Leben ist eine bewegende Stelle aus Wagners Brief, den er am 20. September 1840 aus Paris an seinen Freund Theodor Apel in Leipzig richtete. Dort heißt es:

romantischen Stoffen, etwa der Geschichte vom *Tannhäuser*, versorgte, hatte er sich um 1840 in Paris angefreundet. Heine war es auch, der Wagner auf die Sage vom *Fliegenden Holländer* aufmerksam machte.[27] Wagner vertonte 1840 mit *Les deux grenadiers* nicht nur Heines Romanze *Die Grenadiere* (1816), sondern er nahm den Dichter auch ein Jahr später in der Dresdner Abendzeitung vor Polizeiverfolgung in Schutz. In den beiden Fassungen seines Pamphlets *Das Judent[h]um in der Musik* (1850 und 1869) wird jedoch Wagners letztendlich doch ambivalente Haltung gegenüber Heine deutlich, dem Wagner zwar eine erheblich Begabung zugesteht, ihm andererseits aber Selbstbelügung unterstellt:

Ich sagte oben, die Juden hätten keinen wahren Dichter hervorgebracht. Wir müssen nun hier *Heinrich Heines* (sic) erwähnen. Zur Zeit, da Goethe und Schiller bei uns dichteten, wissen wir allerdings von keinem dichtenden Juden: zu der Zeit aber, wo das Dichten bei uns zur Lüge wurde, unserem gänzlich unpoetischen Lebenselemente alles Mögliche, nur kein wahrer Dichter mehr entsprießen wollte, da war es das Amt eines sehr begabten dichterischen Juden, diese Lüge, diese bodenlose Nüchternheit und jesuitische Heuchelei unserer immer noch poetisch sich gebaren wollenden Dichterei mit hinreißendem Spotte aufzudecken. Auch seine berühmten musikalischen Stammesgenossen geißelte er unbarmherzig für ihr Vorgeben, Künstler sein zu wollen; keine Täuschung hielt bei ihm vor: von dem unerbittlichen Dämon des Verneinens Dessen, was verneinenswert schien, ward er rastlos vorwärtsgejagt, durch alle Illusionen moderner Selbstbelügung hindurch, bis auf den Punkt, wo er nun selbst wieder sich zum Dichter log, und dafür auch seine gedichteten Lügen von unseren Komponisten in Musik gesetzt erhielt. – Er war das Ge-

---

Für jetzt hätte ich aber gern meinem armen Weibe *Medizin* gekauft! Wird sie diesen Jammer überleben, u. werde ich den ihrigen ertragen? – Herr Gott, stehe mir bei! Ich weiß mir nicht mehr zu helfen! – Alles, Alles, – alle letzten Quellen eines Hungernden habe ich erschöpft; ich Unglücklicher hatte bis jetzt die Menschen leider noch nicht gekannt. Geld – ist das Fluchwort, was alles Edle vernichtet; mancher dienstwillige Freund erkaltet bei diesem Worte; Verwandte sind schon starr, ehe man es ausspricht; – u. doch, mein Himmel, was ist oft alle Hilfe, ohne dieser wirklichsten vor Allen. Wer wahre Not kennt, fühlt, dass sie nur *damit* gelöst werden kann. (Wagner, *Briefe*, I, 410 f.; Hervorhebung im Original).

[27] Wagner, *Das Judentum in der Musik* [1850], 76; [1869], 21; Floros 2010, 14; Safranski 2007, 258 u. 268; Kneif 1975, 116 f.

wissen des Judentumes, wie das Judentum das üble Gewissen unserer modernen Zivilisation ist.[28]

Dass sich Wagner auch privat immer wieder – und dabei wiederum zwischen extremen Ansichten oszillierend – über Heine äußerte, offenbaren nicht nur seine Briefe und autobiographischen Aufzeichnungen, sondern insbesondere Cosima Wagners Tagebücher. So lautet etwa Cosimas Eintrag vom 16. Juni 1870:

> Nach Tisch kommt R[ichard]. auf die Bemerkung Heines über die Poesie Schillers, ‚es seien besoffene Begriffe': „Wenn man chemisch zersetzte, woraus dieses Witzwort besteht, das wie eine Genialität erscheint, so würde man am Grunde den außerhalb stehenden Juden finden, der von unsren Zuständen spricht, wie ein Irokese von unsren Eisenbahnen sprechen würde. In diesem ‚besoffenen Begriff' liegen Wahrnehmungen des Studentenlebens, wo einer *Gelehrter* geschimpft wird und dann aus dieser Beschimpfung ein Trinkduell entsteht; der Jude steht auch hier außerhalb, das Platte, Rohe fällt ihm auf, und für das Ideale unserer Natur hat er keinen Sinn. Dass bei Schiller die genaueste Erkenntnis der Idealität sich zuweilen zu sehr ausspricht, das nennt er besoffene Begriffe, da hätte man ihm bloß zu erwidern, das verstehst du nicht."[29]

An anderer Stelle schreibt Cosima Wagner:

> Verwunderung R[ichard].'s darüber, dass der Kladderadatsch von Juden redigiert würde, da die Juden eigentlich keinen Witz hätten, sie seien vortreffliche Objekte der witzigen Beobachtung, aber sie selbst könnten die Welt nicht beobachten. Heine eine Ausnahme; der Daimon familiaris der damaligen üblen Zustände in Deutschland.[30]

---

[28] Wagner, *Werke, Schriften und Briefe*; *Sämtliche Schriften und Dichtungen*, V, 84 f. (Hervorhebung im Original).

[29] Wagner, Cosima: *Die Tagebücher*, I, 245 f. In: Wagner, *Werke, Schriften und Briefe*, 33963 f. (Hervorhebung im Original).

[30] Wagner, Cosima: *Die Tagebücher*, I, 355 f. In: Wagner, *Werke, Schriften und Briefe*, 35421 (Eintrag vom 12. Februar 1871). Zu übersetzen ist der Begriff „Daimon familiaris" (altgriech. u. lat.) in diesem Zusammenhang mit „Schutzgeist" oder auch „persönlicher Leiter" bzw. „persönlicher Lehrer". Der *Kladderadatsch* war eine Berliner Satirezeitschrift, die im Mai 1848 auf die Initiative David Kalischs, eines liberalen Possendichters und Sohnes eines jüdischen Kaufmannes, gegründet wurde. Die ersten beiden Jahrgänge waren mit dem Untertitel *„Organ für und von Bummler"* ver-

Im Spannungsfeld von Affinität, Aversion und Doppelgängertum

Zunächst ist festzuhalten, dass Wagners Äußerungen Judenbilder sowie antisemitische Stereotype und Reflexe aufgriffen und perpetuierten, die nicht nur im Deutschland, sondern im Europa des 19. Jahrhunderts weit verbreitet waren. Hierzu gehörte das Bild des jüdischen Schacherers, Zuhälters und Ausbeuters, des Spions, Überläufers und Verräters – kurz: des Juden als „Judas". Spätestens in der zweiten Hälfte des 19. Jahrhunderts vermischte sich dieses Konglomerat von Klischees mit der negativen Wahrnehmung der sich in Europa allmählich herausbildenden jüdischen Hochfinanz und Unternehmerschaft insbesondere beim Eisenbahnbau, in industriellen Bereichen sowie im Handel. Letzen Endes lag ein breites, vor allem ökonomisch konnotiertes Inventar von Gemeinplätzen vor, das die Juden als Financiers, Börsenmakler, Spekulanten oder Wucherer jeglicher Art erscheinen ließ und sich bis tief in die Mitte der europäischen Gesellschaften hinein festsetzte. Dadurch wurde die Komplexität der eigentlichen Sachverhalte, Fragestellungen und auch gesellschaftlichen Ängste auf hartnäckig verwurzelte, je nach Kontext und Intention ‚logisch',‚vernünftig' oder ‚berechtigt' erscheinende Archetypen reduziert.[31]

In Bezug auf Wagner ist dieser Befund jedoch zu differenzieren, um nicht den Eindruck entstehen zu lassen, Wagners Antisemitismus sei ‚lediglich' als eine Konzession an die dem allgemeinen Zeitgeist entsprechende Schärfe des Antijudaismus oder an den zunehmenden kulturellen

---

sehen, danach führte die Zeitschrift den Zusatz „*Humoristisch-satyrisches* (später „*satirisches*") *Wochenblatt*". Ab 1908 erschien das Magazin nur noch unter dem Titel *Kladderadatsch*. Als einziges Berliner Satireblatt überlebte es das revolutionäre Doppeljahr von 1848/49 und wurde, nach der Annäherung an liberal-konservative Kreise, bis 1944 herausgegeben. Die besondere Popularität der Zeitschrift vor allem in der zweiten Hälfte des 19. Jahrhunderts beruhte darauf, dass die kritischen Beiträge, Glossen und Parodien in einer vom Berliner Lokalkolorit geprägten und dadurch unverwechselbaren Sprache verfasst waren. Der Begriff „Kladderadatsch" bezeichnet etwas, das herunterfällt und krachend in Scherben bricht. Durch den Zeitschriftentitel wurde dieser Ausdruck so populär, dass er zum politischen Schlagwort avancierte, das – in ironischer Brechung – den Zusammenbruch der bürgerlichen Gesellschaft charakterisieren sollte.

[31] Ausführlich hierzu: Schoeps/Schlör 1995 u. Rohrbacher/Schmidt 1991. Vgl. ferner Pumpe 2007 u. Seljak 2001.

Nationalismus im 19. Jahrhundert zu betrachten. Ebenso wenig sind die beiden Fassungen von Wagners berüchtigt-umstrittenem Pamphlet *Das Judentum in der Musik* (1850 und 1869) als Entgleisung eines zu jener Zeit verbitterten Außenseiters zu lesen, der unter mangelnder Anerkennung litt. Denn Wagners Schriften und Äußerungen über und gegen die Juden umfassen ein breites und heterogenes Spektrum, das von niedersten, affektgeladenen Invektiven über theoretische Konstrukte bis hin zu fast versöhnlichen Tönen und – so die Ansicht einiger Forscher – zu einer Identifizierung seines selbst empfundenen Außenseitertums mit der Außenseiterrolle der Juden reichte. Zudem zeitigte Wagners „Erlösungs-Antisemitismus"[32] durchaus Wirkung, indem er etwa von Houston Stewart Chamberlain in dessen Schrift *Grundlagen des Neunzehnten Jahrhunderts* (1899) oder vom „Bayreuther Kreis"[33] um Cosima Wagner rezipiert wurde. Letzter hatte, insbesondere nachdem Cosima Wagner die Leitung der Festspiele übernommen hatte, ohnehin wesentlich zur Verbreitung einer ultrakonservativ, deutschnational und auch antisemitisch angereicherten Ideologie innerhalb des die darauffolgenden Jahrzehnte prägenden deutschen Geisteslebens beigetragen.[34]

Psychologisch auffällig ist der Umstand, dass Wagner den Juden ausgerechnet jene Eigenschaften vorwarf, die ihm selbst von Freunden und Bekannten immer wieder attribuiert wurden: etwa seine exaltierte Ruhm- und Prahlsucht („Wagner weiß und glaubt es nicht, *wie er anstrengt…* […] Von *sich* sprechen, lesen, singen muss unser großer Freund, sonst ist ihm nicht wohl.")[35], aber auch sein Neid und sein Hang zu Schmeichelei, Luxus und Verschwendung, kurz: zu einem ausgeprägten Größenselbst: „[…] ich verdiene es schon, dass ich's einmal wieder recht gut

---

[32] Friedländer 1998.

[33] Vgl. hierzu Fischer 2012, 248 f.

[34] Friedländer 1998; Kneif 1975, 127–130. Vgl. ferner Gutman 1970 u. Gutmann 1869. Im Gegensatz zum Historiker Leopold Ranke, der das 19. Jahrhundert als Jahrhundert der Nationen betrachtete, stellte Chamberlain das Säkulum ausdrücklich als Jahrhundert der „Rasse" dar (Walser Smith 2010, 215).

[35] So Peter Cornelius' Anfang 1865 einem Freund gegenüber geäußerter Kommentar (zitiert nach Gregor-Dellin 1980, 539. In: Wagner, *Werke, Schriften und Briefe*, 50813 f.; Hervorhebungen im Original). Auch Gutmann ließ es sich nicht nehmen, Wagner in dieser Hinsicht mit Spott zu überziehen (vgl. 1869, 16 f.).

habe."[36] Oft wähnte sich Wagner als Opfer einer angeblichen jüdischen Gegnerschaft, wenn finanzieller Erfolg und künstlerische Anerkennung ausblieben. Neid als eine (wohl im Unbewussten agierende) exkulpierende Strategie scheint denn auch einer der Gründe für Wagners antisemitische Reflexe gewesen zu sein, wobei dieses Phänomen, wie die neuere Forschung zeigt,[37] eine lange Tradition in der (deutschen) Geschichte hat.

Bereits 1831 erkannte der jüdische Publizist Gabriel Riesser den schlichten Neid als Triebfeder der Judenfeindschaft. Riesser zufolge höre jeder Aufmerksame, dass „unter hundert Äußerungen des Unmuts gegen die Juden neunundneunzig auf diesem Boden gewachsen sind". Heinrich Heine wiederum verspürte ein deutlich weniger ausgeprägtes Unbehagen gegenüber den politischen Reaktionären als gegenüber den deutschen Demokraten, jenen „Demagogen" und volkstümelnden „Championen der Nationalität" wie Ernst Moritz Arndt, Schriftsteller und Abgeordneter der Frankfurter Nationalversammlung, oder „Turnvater" Friedrich Ludwig Jahn. Diese stellten laut Heine die Einheit der deutschen Kulturnation über die universellen Menschenrechte und würden, wie es in seinem Brief vom 2. Februar 1823 an den jüdischen Bankier und Kaufmann Mo-

---

[36] Zitiert nach Gregor-Dellin 1980, 510. In: Wagner, *Werke, Schriften und Briefe*, 50762 f. Vgl. hierzu auch Mann 1974, 120–123. Wagners Anforderungen an einen in seinen Augen ‚angemessenen' Lebensstil verdeutlicht sein Brief vom 15. Januar 1854 an Franz Liszt. Darin heißt es:

> […] – die Not zwingt mich, mir durch sie (die Kunst; A. S.) zu helfen, um eben noch *leben* zu können. Doch eigentlich nur mit wahrer Verzweiflung nehme ich immer wieder die Kunst auf: geschieht dies, und muss ich wieder der Wirklichkeit entsagen – muss ich mich wieder in die Wellen der künstlerischen Phantasie stürzen, um mich in einer eingebildeten Welt zu befriedigen, so muss wenigstens meiner Phantasie auch geholfen, meine Einbildungskraft muss unterstützt werden. Ich kann dann nicht wie ein Hund leben, ich kann mich nicht auf Stroh betten und mich in Fusel erquicken: meine stark gereizte, feine, ungeheuer begehrliche, aber ungemein zarte und zärtliche Sinnlichkeit muss irgendwie sich geschmeichelt fühlen, wenn meinem Geiste das blutig schwere Werk der Bildung einer unvorhandenen Welt gelingen soll. (*Franz Liszt – Richard Wagner: Briefwechsel*. In: Wagner, *Werke, Schriften und Briefe*, 29419 f.; Hervorhebung im Original).

[37] Aly 2011a u. 2011b. Auf diesen Umstand hat auch bereits die zeitgenössische Musik- und Kulturkritik hingewiesen, so etwa Gutmann (1869, 5).

ritz Embden heißt, „bei einem Siege [...] einige tausend jüdische Hälse, und just die besten" abschneiden.[38]

Daniel Friedrich List schließlich, Wirtschaftstheoretiker, Vorkämpfer des Deutschen Zollvereins und Eisenbahnpionier, fürchtete den raschen Erfolg der Juden und versuchte, seine christlichen Landsleute zu protegieren, indem er, so der Kommentar des zeitgenössischen jüdischen Schriftstellers Berthold Auerbach, den „Judenhass politischer Rationalisten" schürte.[39] Dieser beachtenswerten, wenngleich in der jüngsten Forschung umstrittenen These des Neidkomplexes widmet sich der deutsche Historiker Götz Aly, der von der Prämisse ausgeht:

> Um 1880 offenbarte die erstarkende antisemitische Bewegung einerseits das Ressentiment gegen Juden, andererseits das noch immer nachwirkende politische Elend der Deutschen: ihre Angst vor Freiheit und eigener Courage, ihre Neigung, das eigene Versagen anderen anzulasten. Der Neidhammel sucht den Sündenbock. Zumal in Krisenzeiten verbanden sie mit Freiheit das Gefühl von Unbequemlichkeit, Ungewissheit und Überforderung, während ihnen Gleichheit gemütliche Geborgenheit, Daseinsvorsorge und minimiertes individuelles Risiko bedeutete. [...] Die Begriffe Gleichheit, Neid und Freiheitsangst ermöglichen es, die Eigenart des deutschen Antisemitismus zu erkennen.[40]

Eine genauere Betrachtung von Wagners widersprüchlichem Charakter mag daher zur Analyse seines antijüdischen Habitus beitragen. So weisen seine politischen Schriften der späten 1840er Jahre – die erste Fassung von *Das Judentum in der Musik* entstand 1850 – auf Konzepte hin, die Sigmund Freud als „Weltuntergangsfantasien" bezeichnete. Der „Weltuntergang" ist in diesem Kontext als Projektion einer inneren Katastrophe, eines Untergangs der subjektiven Welt zu verstehen. Freud zufolge handelt es sich dabei um den Versuch einer Selbstheilung: Die

---

[38] Aly 2011b, 127. Zitate ebd. u. http://www.heinrich-heine-denkmal.de/heine -texte/brief-embden.shtml (letzter Abruf am 4. Januar 2013).

[39] Aly 2011b, 127 (Zitat ebd.). Zu Wagners Animosität gegenüber Auerbach vgl. Cosima Wagners Tagebucheintrag vom 28. Mai 1870: „Von Berthold Auerbach [...] stand in der Zeitung ein Aufsatz über *den Wald*; R[ichard]. sagt, er habe ihn vor Ekel über die affektierte Naturwüchsigkeit nicht lesen können, ‚diese Kerle sind eine wahre Pest' (die Juden)" (Wagner, Cosima: *Die Tagebücher*, I, 235. In: Wagner, *Werke, Schriften und Briefe*, 33932; Hervorhebung im Original).

[40] Aly 2011a, 15.

innere Katastrophe, der sozusagen innere Weltuntergang, den ein Mensch durchlebt, wird durch Projektion nach außen verlegt, sodass er als Zerstörung der realen Welt erscheint. Weil aber die Gesellschaft erkennt, dass diese alltägliche Welt nicht untergegangen ist, erscheint ihr die projizierte Weltuntergangsfantasie als Wahn.

Und in der Tat sah sich Wagner als Weltzerstörer, der von seinen Freunden eine bedingungslose Akklamation einforderte. Sein gerade auch essayistisch dargelegter Widerstand gegen die moderne Kultur verband sich dabei mit dem antisemitischen Diskurs. Die Verantwortung für die Krankheiten seiner Zeit – oder das, was Wagner dafür hielt – und für seine Erfolglosigkeit wies Wagner den Juden zu und unterstellte ihnen ausgerechnet jene Attribute, die offenbar auch seine eigene Wesensart prägten. Von daher erlangt das Erlösungsmotiv seiner Musikdramen eine ganz spezifische Bedeutung für Wagners Privatleben. Folgt man dieser Lesart, so konnte der an seinen Krankheiten, mit sich selbst und seinen Selbstzweifeln hadernde, an der Umwelt leidende und immer wieder den Suizid erwägende Wagner seinem fortdauernden Getriebenwerden und seiner ‚Nestlosigkeit‘ nicht entrinnen: „Ach Gott, es ist mir Alles so sehr gleichgültig. Ich habe einmal nirgends Wurzeln, und jedes Heimgefühl wird mir immer fremder!"[41] All dies mag an das Schicksal des Ahasver, des ruhelos und unerlöst umherziehenden Ewigen Juden, erinnern.[42]

Auffallend ist in diesem Kontext, dass Wagner auch seinen Fliegenden Holländer und die Kundry des *Parsifal* in die Nähe des Ahasver gerückt hat.[43] Allerdings wird diese mythische Figur von ihm ins Allgemeinmenschliche erhoben: Sowohl Kundry als auch der Holländer, der einst gottesfrevlerisch geschworen hatte, er werde nie von seinem Versuch ablassen, das Kap der Guten Hoffnung zu umrunden, und deswegen nun auf ewig dazu verdammt ist, mit seinem Geisterschiff die Weltmeere

---

[41] Wagner, *Briefe*, XIII, 159 (aus Wagners Schreiben vom 25. Juni 1861 an Otto Wesendonck).

[42] Gay 1998. Vgl. auch Floros 2010, 19. Zu Wagners gesundheitlichen Beschwerden vgl. Mann 1974, 97–100 u. 118. Zu den Außenseiterfiguren bei Wagner: ebd. 114 f.

[43] Žižek (2004, 26) sieht in Wagners Musikdramen ebenfalls einen engen Zusammenhang zwischen der Figur des Ahasver und prominenten *Dramatis personae*: „One should also bear in mind that, after his moral fiasco in *Walkure*, Wotan turns into ‚Wanderer‘ - a figure of the Wandering Jew like already the first great Wagnerian hero, the Flying Dutchman, this ‚Ahasver des Ozeans‘."

zu durchqueren, erfahren am Ende die positiv aufgefasste „Erlösung". So heißt es in Wagners Schrift *Mitteilung an meine Freunde* (1851):

> In der heitern hellenischen Welt treffen wir ihn (die Gestalt des *Fliegenden Holländers*; A. S.) in den Irrfahrten des Odysseus und in seiner Sehnsucht nach der Heimat, Haus, Herd und – Weib, dem wirklich Erreichbaren und endlich Erreichten des bürgerfreudigen Sohnes des alten Hellas. Das irdisch heimatlose Christentum fasste diesen Zug in die Gestalt des „ewigen Juden": diesem immer und ewig, zweck- und freudlos zu einem längst ausgelebten Leben verdammten Wanderer blühte keine irdische Erlösung; ihm blieb als einziges Streben nur die Sehnsucht nach dem Tode, als einzige Hoffnung die Aussicht auf das Nichtmehrsein. Am Schlusse des Mittelalters lenkte ein neuer, tätiger Drang die Völker auf das *Leben* hin: weltgeschichtlich am erfolgreichsten äußerte er sich als Entdeckungstrieb. Das Meer ward jetzt der Boden des Lebens, aber nicht mehr das kleine Binnenmeer der Hellenenwelt, sondern das erdumgürtende Weltmeer. Hier war mit einer alten Welt gebrochen; die Sehnsucht des Odysseus nach Heimat, Herd und Eheweib zurück, hatte sich, nachdem sie an den Leiden des „ewigen Juden" bis zur Sehnsucht nach dem Tode genährt worden, zu dem Verlangen nach einem Neuen, Unbekannten, noch nicht sichtbar Vorhandenen, aber im Voraus Empfundenen, gesteigert. Diesen ungeheuer weit ausgedehnten Zug treffen wir im Mythos des fliegenden Holländers, diesem Gedichte des Seefahrervolkes aus der weltgeschichtlichen Epoche der Entdeckungsreisen. Wir treffen auf eine, vom Volksgeiste bewerkstelligte, merkwürdige Mischung des Charakters des ewigen Juden mit dem des Odysseus. Der holländische Seefahrer ist zur Strafe seiner Kühnheit vom Teufel (das ist hier sehr ersichtlich: dem Elemente der Wasserfluten und der Stürme) verdammt, auf dem Meere in alle Ewigkeit rastlos umherzusegeln. Als Ende seiner Leiden ersehnt er, ganz wie Ahasveros, den Tod; diese, dem ewigen Juden noch verwehrte Erlösung kann der Holländer aber gewinnen durch – *ein Weib*, das sich aus Liebe ihm opfert [...].[44]

Diese Analogie spiegelt sich überdies auch in der Musik wider: So weist die charakteristische Notenfolge in den Finali des *Fliegenden Holländers* und des *Parsifal* auf die allgemeine Dimension der Erlösungsproblematik hin.[45]

---

[44] Wagner, *Werke, Schriften und Briefe*; *Sämtliche Schriften und Dichtungen*, IV, 265 f. (Hervorhebungen im Original).

[45] Danuser 1998.

In der Forschung wird ferner postuliert, dass die Juden Wagner vor allem deshalb verstanden hätten, weil dieser einfühlsam Figuren der Heimatlosigkeit und des Getriebenseins (so etwa der Holländer oder der Tannhäuser) und der Verfolgung (Siegmund aus der *Walküre*) erfand. Auch emotional labile Charaktere wie Kundry, Senta oder Sieglinde seien, so die These, gerade für das zeitgenössische weibliche Publikum wichtige Identifikationsobjekte gewesen. Demnach sei der Antisemitismus nicht als einziger Bezugspunkt zwischen Wagner und den Juden aufzufassen.[46]

* * *

Handelt es sich hier demnach *in nuce* um eine Feindschaft aus Nähe? War Wagners zweifellos vielschichtige und ausgeprägte Animosität gegenüber den Juden von einer unsteten Affinität zum Judentum bzw. zu bestimmten Elementen des Judentums unterströmt, sodass hieraus die höchst ambivalenten Anteile seiner Haltung erklärt werden könnten? Für das Phänomen des Antisemitismus ist (unter anderem) kennzeichnend, dass abstrakte religiöse, politische, sozioökonomische oder auch anthropologische Überzeugungen und Taxonomien einerseits und Bewunderung bis hin zu enger Freundschaft andererseits durchaus nebeneinander existieren und zu Verschleifungen führen können. Zugleich werden antijüdische Reflexe durch Ängste und Unverständnis gegenüber ‚dem Fremden‘, die Furcht vor ‚dem Anderen‘ und vor scheinbar nicht zu erklärenden Ereignissen geschürt (erinnert sei etwa an die Pestzüge im Mittelalter, die damit verbundenen Brunnenvergiftungsvorwürfe gegen jüdische Gemeinden oder an Ritualmord- und Hostienfrevellegenden, die immer wieder Anlass zu Pogromen boten). Hinzu treten Neidaffekte, wie sie oben im Zusammenhang mit Wagners Psychogramm bereits angedeutet wurden. Diese standen häufig in Verbindung mit ökonomisch begründeten Stereotypen und Klischees vom „jüdischen Wucherer", welcher „der Geldgeber des kleinen Mannes" und „zugleich Schicksalsgenosse – vielfach als willkommener Hehler – anderer Ausgestoßener und Verfemter" war.[47] Das sich über Jahrhunderte hinweg herausgebildete

---

[46] Horowitz 1998.

[47] Graus 1985, 36–45 (Zitat 42). Ausführlich zu verschiedenen Ausprägungsformen des Antisemitismus: Benz 2004.

Gutmann (1869, 8) sieht im zeitgenössischen, die Epochen des Mittelalters und der Aufklärung transzendierenden „Judenhass" in Deutschland

Judenstereotyp blieb denn auch „der integrierende Bestandteil allgemeiner Feindbilder und restriktiver Maßnahmen, damit zugleich ein empfindlicher Indikator für die Toleranzschwellen von Gesellschaften […]".[48] Hilft diese Schlussfolgerung bei der weiteren Erhellung des hier erörterten Themenkomplexes?

Gerade die jüngere Vorurteilsforschung hat mehrere bedenkenswerte, wenngleich nicht durchweg in sich konsistente Interpretationen des Antisemitismus vorgelegt: So kann dieser als ideologisches oder kulturelles Konstrukt gedeutet werden, das keiner unmittelbaren Anwesenheit von Juden, also „jüdischer Realpräsenz"[49], mehr bedarf.[50] Mit Blick auf Wagner ist diese Denkfigur allerdings nur bedingt anwendbar, da Wagner zeitweise in durchaus regem beruflichem und privatem Kontakt mit Juden stand. Zweifellos war Wagners Verhältnis zum Judentum bis zu einem gewissen Grad „ideologisch" und „kulturell" geprägt. Die Hinzunahme einer solchen Konstruktthese zum Zwecke argumentatorischer Verdichtung greift bei Wagner indes zu kurz und wird der Komplexität seiner Einstellung gegenüber den Juden nicht gerecht. Auch das klassische Erklärungsmodell, dem zufolge der Antisemitismus gerade in der zweiten Hälfte des 19. Jahrhunderts als eine Reaktion auf die sozioökonomischen Krisen und Herausforderungen der beginnenden Moderne zu verstehen sei,[51] überzeugt in Bezug auf Wagner nur bedingt. Dieser durchlebte zwar Jahre der Armut, gehörte aber nicht im strengen Sinne zu den Modernisierungsverlierern, die mit der Herausbildung antisemitischer Feindbilder auf die Kalamitäten ihres Zeitalters reagierten.

---

eine Form der Sublimation von Neidaffekten, die aber letztendlich nichts anderes als „ein Mittel zum Zweck" sei:

> Als der Spiritualismus des Mittelalters erlosch und die Strahlen der Aufklärung die Geistesnacht erhellten, welche die Menschen umfing, schwand der Fanatismus und somit auch der bisherige Deckmantel für den Judenhass. Da aber der deutsche Krämersinn blieb, der mit Neid und Missgunst auf den Gewinn Andrer sah, so suchte man nur nach einem andren Vorwand, gegen die Juden anzukämpfen. So ist der Judenhass auch auf unsre Zeit gekommen; er ist aber, wie früher, nur ein Mittel zum Zweck. Der Philister, der immer zu diesem Mittel greifen musste, hat so den Judenhass populär gemacht. Außerdem aber sorgt man redlich dafür, ihn anzuerziehen.

[48] Graus 1985, 45.

[49] Gräfe 2007, 38.

[50] Jensen 2005, 32–41.

[51] Gräfe 2007, 38; siehe ferner auch Scheit/Svoboda 2002.

Ist vor diesem sozialgeschichtlichen Hintergrund und angesichts der bisherigen Ausführungen Wagners gebrochenes Verhältnis zum Judentum möglicherweise aus einer Verschränkung von Abstoßung und Anziehung, von Bewunderung und Neid, mithin aus der Gleichzeitigkeit von Affinität und Aversion zu erklären? Kann eine derart angelegte Horizontalspannung einer hermeneutischen Annäherung an Wagners antijüdischen Habitus zugrunde gelegt werden? War ihm das Judentum etwas Heimliches und Unheimliches zugleich? Betrachtete Wagner die Juden ausschließlich als Konkurrenten? Oder waren Wagner und die Juden eine Art Grenzgänger, gleichsam in einer Wechselbeziehung zueinander stehende Doppelgänger, deren Nähe zueinander in der Figur des Ahasver eine Sublimation erfährt?

Zunächst ist auf den Umstand hinzuweisen, dass in der zweiten Hälfte des 19. Jahrhunderts „Juden verstärkt auf Ablehnung in der protestantisch geprägten Bildungskultur Deutschlands [stießen], obwohl sie sich in einem nicht einmal fünfzig Jahre dauernden Akkulturationsprozess[52]

---

[52] Zwischen „Assimilation" und „Akkulturation" wird häufig nur unscharf (sofern überhaupt) unterschieden, was nicht zuletzt auf die Deutungsmodelle gängiger Akkulturationstheorien zurückzuführen ist. Der Schweizerische Israelitische Gemeindebund grenzt in seinem *Factsheet Assimilation und Akkulturation* die beiden Begriffe folgendermaßen voneinander ab:

Akkulturation ist ein aktiver Prozess, dessen Initiative von einer Minderheit ausgeht. Dabei übernimmt die Minderheit geistige und materielle Kulturgüter der Mehrheitsgesellschaft (wie Sprache, Werte, Normen, gesellschaftlich-kulturelles Wissen, Lebensstil etc.). *Die eigene kulturelle Identität wird, trotz komplexer Prozesse der Aneignung einer anderen Kultur, beibehalten.* Der Prozess ist nicht nur einseitig zu verstehen, denn die Weitergabe kultureller Güter der Minderheit an die Mehrheit geschieht ebenfalls, jedoch in viel kleinerem Ausmaß als umgekehrt. Minderheiten, welche in einer Gesellschaft diskriminiert oder ausgegrenzt werden, zeigen einen generell geringeren Einsatz von Akkulturation. Eine Übernahme von kulturellen Merkmalen einer anderen Gesellschaft ist die Voraussetzung für eine Assimilation an diese.

Assimilation ist ein soziokultureller Prozess, in dem eine Minderheit in einer Gesellschaft nicht nur geduldet und akzeptiert, sondern als bereichernd empfunden wird. Dadurch wird das kulturelle Potential der Minderheit für die Mehrheit attraktiv. *Damit sich eine Minderheit assimilieren kann, ist eine offene, tolerante Mehrheitsgesellschaft gefordert, die aktiv Assimilation zulässt.* Konkret bedeutet dies beispielsweise gleiche Chancen und Rechte für alle Menschen in der Gesellschaft in wirtschaftlicher, sozialer sowie rechtlich-politischer Hinsicht. *Ethnische*

in diese Kultur erfolgreich integrierten"[53]. Offenbar wuchs vornehmlich unter den deutschen Protestanten[54] die Vorstellung eines jüdischen ‚Andersseins' in dem Maße, in welchem sich die Juden in ihrem Lebenswandel, ihrer Bildungskultur und ihrer Weltsicht den protestantischen Mitbürgern annäherten. Abgrenzung und Anverwandlung gingen derart Hand in Hand, dass der Begriff des „unheimlichen" bzw. „gebildeten Doppelgängers" geprägt wurde.[55]

Dieses Motiv des Doppelgängertums lässt sich weiter erhellen, indem ein aufschlussreiches tiefenpsychologisches Theoriemodell herangezogen wird, das Sigmund Freud in seinem Essay *Das Unheimliche* (1919) entwickelt hat.[56] Darin leitet Freud das „Un-Heimliche" von dem ab, was uns früher vertraut und damit „heimlich" im Sinne von „uns" oder „in uns heimisch" war. Eine Unterscheidung zwischen „heimlich" und „unheimlich" kann daher stets nur unscharf bleiben. So heißt es bei Freud:

> Wir werden überhaupt daran gemahnt, dass dies Wort heimlich nicht eindeutig ist, sondern zwei Vorstellungskreisen zugehört, die, ohne gegensätzlich zu sein, einander doch recht fremd sind, dem des Vertrauten, Behaglichen und dem des Versteckten, Verborgengehaltenen. […] Also heimlich ist ein Wort, das seine Bedeutung nach einer Ambivalenz hin entwickelt, bis es endlich mit seinem Gegensatz unheimlich zusammenfällt. Unheimlich ist irgendwie eine Art von heimlich.[57]

Gruppenstrukturen verschwinden mit der Assimilation und können auch den Verlust einer spezifischen Lebensweise, Kultur oder Religionsausübung zur Folge haben. (http://www.swissjews.ch/pdf/de/factsheet/SIG _Factsheet_Assimilation_de.pdf, letzter Abruf am 23. Februar 2013; Hervorhebungen: A. S.).

[53] Gräfe 2007, 39.

[54] Der ausdrückliche Bezug auf die deutschen Protestanten ergibt sich an dieser Stelle aufgrund der Fragestellung Jensens in dessen Studie (2005) über das Verhältnis von gebildeten Juden und Protestanten zwischen 1840 und 1880. Jensen weist darin nach, dass klassische Erklärungsmodelle der Antisemitismusforschung gerade in Bezug auf das protestantische Bürgertum nicht greifen (vgl. Gräfe 2007, 38).

[55] Gräfe 2007, 38 f., Jensen 2005 (der Begriff des „unheimlichen Doppelgänger" ist bei Jensen u. a. auf den Seiten 35 und 38 f., jener des „gebildeten Doppelgängers", neben dem Buchtitel, auf den Seiten 39 und 325 ff. zu finden).

[56] Vgl. Freud 1919 bzw. Freud, *Studienausgabe*, IV, 241–274.

[57] Freud, *Studienausgabe*, IV, 248 u. 250.

Für Freud ist das „Unheimliche" demzufolge nichts anderes als das einst Vertraute – etwa Kindheitserlebnisse und -erfahrungen wie ein im infantilen Seelenleben innewohnender Wunsch oder auch der Glaube an die Allmacht der Gedanken. Dieses Vertraute bzw. „Heimische" kann, so Freud, eine Verdrängung ins Unbewusste erfahren und dadurch zum „Unheimlichen" werden: „Das Unheimliche ist […] das ehemals Heimische, Altvertraute. Die Vorsilbe „*un*" an diesem Worte ist aber die Marke der Verdrängung."[58]

Im Unbewussten wartet dieses ehemals Heimische buchstäblich auf eine Gelegenheit, die mehr oder weniger freiwillige Selbstkontrolle zu durchbrechen. Es sind vor allem unheimliche Erlebnisse und Vorstellungen, in denen das Vertraute in entfremdeter Form wieder hervortritt. Eine solche Rückkehr aus der Verdrängung kann beispielsweise zur Wiederbelebung und Wiederbestätigung infantiler Komplexe oder auch überwunden geglaubter Überzeugungen führen. Der Angstcharakter des Unheimlichen lässt sich also gemäß Freud dadurch erklären, dass der Affekt jeder Gefühlsregung durch die Verdrängung in Angst verwandelt wird:

> Hier ist nun der Platz für zwei Bemerkungen, in denen ich den wesentlichen Inhalt dieser kleinen Untersuchung (*Das Unheimliche*; A. S.) niederlegen möchte. Erstens, wenn die psychoanalytische Theorie in der Behauptung recht hat, dass jeder Affekt einer Gefühlsregung, gleichgültig von welcher Art, durch die Verdrängung in Angst verwandelt wird, so muss es unter den Fällen des Ängstlichen eine Gruppe geben, in der sich zeigen lässt, dass dies Ängstliche etwas wiederkehrendes Verdrängtes ist. Diese Art des Ängstlichen wäre eben das Unheimliche, und dabei muss es gleichgültig sein, ob es ursprünglich selbst ängstlich war oder von einem anderen Affekt getragen. Zweitens, wenn dies wirklich die geheime Natur des Unheimlichen ist, so verstehen wir, dass der Sprachgebrauch das Heimliche in seinen Gegensatz, das Unheimliche übergehen lässt […], denn dies Unheimliche ist wirklich nichts Neues oder Fremdes, sondern etwas dem Seelenleben von alters her Vertrautes, das ihm nur durch den Prozess der Verdrängung entfremdet worden ist.[59]

---

[58] Freud, *Studienausgabe*, IV, 267 (Hervorhebung im Original).

[59] Ebd. 263 f. Vgl. hierzu ebd. 259 f.:

> Das Moment der Wiederholung des Gleichartigen wird als Quelle des unheimlichen Gefühls vielleicht nicht bei jedermann Anerkennung finden. Nach meinen Beobachtungen ruft es unter gewissen Bedin-

Analog zur ‚Gewalt‘ der Unterdrückung und der Entfremdung von der eigenen Triebkraft kann diese Wiederkehr des Verdrängten bzw. Fremden und uns dennoch einst Vertrauten meist von gewaltigem und auch gewalttätigem Impetus sein.[60] Nicht „das Fremde“ oder „das Andere“ an sich ist demnach „unheimlich“, sondern vielmehr die *Ähnlichkeit* mit diesem „Fremden“ oder „Anderen“. Pointiert gesagt, betrachtet Freud das als „unheimlich“, was im Gleichschritt „unvertraut“ *und* „vertraut“ ist. Hiermit eng verbunden ist das Motiv des Doppelgängers. Dieser, so Freud, „war ursprünglich eine Versicherung gegen den Untergang des Ichs, eine ‚energische Dementierung der Macht des Todes‘ (O[tto]. Rank), und wahrscheinlich war die ‚unsterbliche‘ Seele der erste Doppelgänger des Leibes“[61].

---

gungen und in Kombination mit bestimmten Umständen unzweifelhaft ein solches Gefühl hervor, das überdies an die Hilflosigkeit mancher Traumzustände mahnt. Als ich einst an einem heißen Sommernachmittag die mir unbekannten, menschenleeren Straßen einer italienischen Kleinstadt durchstreifte, geriet ich in eine Gegend, über deren Charakter ich nicht lange in Zweifel bleiben konnte. Es waren nur geschminkte Frauen an den Fenstern der kleinen Häuser zu sehen, und ich beeilte mich, die enge Straße durch die nächste Einbiegung zu verlassen. Aber nachdem ich eine Weile führerlos herumgewandert war, fand ich mich plötzlich in derselben Straße wieder, in der ich nun Aufsehen zu erregen begann, und meine eilige Entfernung hatte nur die Folge, dass ich auf einem neuen Umwege zum dritten Male dahingeriet. Dann aber erfasste mich ein Gefühl, das ich nur als unheimlich bezeichnen kann, und ich war froh, als ich unter Verzicht auf weitere Entdeckungsreisen auf die kürzlich von mir verlassene Piazza zurückfand. Andere Situationen, die die unbeabsichtigte Wiederkehr mit der eben beschriebenen gemein haben und sich in den anderen Punkten gründlich von ihr unterscheiden, haben doch dasselbe Gefühl von Hilflosigkeit und Unheimlichkeit zur Folge. Zum Beispiel wenn man sich im Hochwald, etwa vom Nebel überrascht, verirrt hat und nun trotz aller Bemühungen, einen markierten oder bekannten Weg zu finden, wiederholt zu der einen, durch eine bestimmte Formation gekennzeichneten Stelle zurückkommt. Oder wenn man im unbekannten, dunkeln Zimmer wandert, um die Türe oder den Lichtschalter aufzusuchen und dabei zum xtenmal mit demselben Möbelstück zusammenstößt [...].

[60] Vgl. Liebs 2000.
[61] Freud, *Studienausgabe*, IV, 258. Freud bezieht sich in diesem Passus auf Otto Rank 1914.

Dieser Vorstellung des Doppelgängers stellt Freud seine eigene Ich-Theorie gegenüber, die zwischen unbewusst Verdrängten und einer kritischen Ich-Instanz unterscheidet, „die der Selbstbeobachtung und Selbstkritik dient, die Arbeit der psychischen Zensur leistet und unserem Bewusstsein als ‚Gewissen' bekannt wird. [...] Die Tatsache, dass eine solche Instanz vorhanden ist, welche das übrige Ich wie ein Objekt behandeln kann, also dass der Mensch der Selbstbeobachtung fähig ist, macht es möglich, die alte Doppelgängervorstellung mit neuem Inhalt zu erfüllen und ihr mancherlei zuzuweisen [...]."[62] Weiter schreibt Freud:

Aber nicht nur dieser der Ich-Kritik anstößige Inhalt kann dem Doppelgänger einverleibt werden, sondern ebenso alle unterbliebenen Möglichkeiten der Geschicksgestaltung, an denen die Phantasie noch festhalten will, und alle Ich-Strebungen, die sich infolge äußerer Ungunst nicht durchsetzen konnten, sowie alle die unterdrückten Willensentscheidungen, die die Illusion des freien Willens ergeben haben.[63]

Anschließend verbindet Freud das Doppelgängermotiv mit seiner Theorie des Unheimlichen und postuliert, dass der Charakter des Unheimlichen nur daher rühren könne, „dass der Doppelgänger eine den überwundenen seelischen Urzeichen angehörige Bildung ist, die damals allerdings einen freundlicheren Sinn hatte. Der Doppelgänger ist zum Schreckbild geworden, wie die Götter nach dem Sturz ihrer Religion zu Dämonen werden (Heine, *Die Götter im Exil*)."[64]

Erkennt nun der Mensch in einem solchen „unheimlichen Doppelgänger", der eigentlich ‚fremd' und ‚anders' sein sollte, eine Variante des eigenen Ich, werden Selbstzweifel wach. Der Versuch, die eigene Identität wieder zu stabilisieren, kann dazu führen, dass die Ähnlichkeit

---

[62] Freud, *Studienausgabe*, IV, 258.

[63] Ebd. 259.

[64] Freud, *Studienausgabe*, IV, 259 (Hervorhebung im Original). In seinem Essay *Die Götter im Exil* (1853) befasst sich Heinrich Heine, wie bereits in einigen seiner früheren Schriften, mit dem Schicksal der griechisch-römischen Gottheiten, die eine Umwandlung in Dämonen erfuhren, nachdem das Christentum sie verdrängt und ins Exil gezwungen hatte. Vor Heine thematisierte u. a. Friedrich Schiller in seinem Gedicht *Die Götter Griechenlands* (1788) die Entgötterung der Natur durch den christlichen Monotheismus und im zweiten Teil seiner *Wallenstein*-Trilogie *Die Piccolomini* (1799) dieses Verschwinden der „alten Fabelwesen", die Auswanderung des „reizende[n] Geschlechts" (Borchmeyer 2002; Zitate ebd.).

des „Doppelgängers" bestritten wird. Diese Negation im Bewussten geht einher mit der Identifikation des Ich mit dem Unheimlich-Heimischen im Unbewussten. Die Ablehnung des Fremden, in welchem das Feindliche erkannt wird, erweist sich im Grunde als Abwehrstrategie gegen das eigentlich Vertraute.[65]

Überträgt man nun diese psychologischen Überlegungen soziologisch auf die deutsch-jüdischen Assimilations- und Emanzipationsprozesse in der zweiten Hälfte des 19. Jahrhunderts,[66] so lassen sich verschiedene Erkenntnisse ableiten. Als Prämisse hierzu ist zunächst festzuhalten, dass die „Ambivalenz" terminologisch wie ideell eine zentrale Rolle innerhalb des Diskurses spielt. So wäre es ein Irrtum davon auszugehen, dass im Zuge der damaligen Anpassung der Juden an die nichtjüdische Kultur und insbesondere an die bürgerliche Bildungskultur Deutschlands „diese Kultur sich selbst gleich bleiben würde"[67]. Mit anderen Worten: Die hier wirkenden Adaptationsmechanismen waren nicht, wie viele Zeitgenossen dachten, in dem Sinne unidirektional, dass eine Gruppe, im vorliegenden Fall die Juden, ihre Identität aufgaben, um vollständig in einer vermeintlich unveränderlichen Umwelt aufzugehen. Vielmehr ist anzunehmen, dass es „zu Transformationsprozessen bei beiden beteiligten Entitäten" kam. Dadurch „dynamisierten gebildete Juden das soziokulturelle Milieu des gebildeten Bürgertums". Verunsicherten die Juden „als von außen kommenden (sic) Elemente eine sich ursprünglich selbst ge-

---

[65] Vgl. Gräfe 2007, 39.

[66] Vgl. etwa mit Blick auf die Stadt Freiburg i. Br.: Haumann 2012, 506 f.:
Seit 1424 hatten Juden in der Breisgau-Hauptstadt kein Bürgerrecht erlangen können. Sie siedelten im Umland, waren aber oft geschäftlich mit Freiburg verbunden, hielten sich dort manchmal auch länger auf. 1809 ließ der Gemeinderat immerhin eine israelitische Wirtschaft zu, in der die Juden koscher essen konnten. Als 1862 endlich das Gesetz zur „bürgerlichen Gleichstellung" der Juden erlassen wurde, erhob sich unter zahlreichen Kaufleuten, Handwerkern und Gewerbetreibenden sowie in katholischen Kreisen der Stadt heftiger Protest. Man wollte keine gleichberechtigten jüdischen Bürger in Freiburg, weil man die wirtschaftliche Konkurrenz fürchtete. In der Kirche und vor allem im politischen Katholizismus verband sich die traditionell vorhandene Abneigung, ja Bekämpfung der Juden mit der Absicht, über antisemitische Äußerungen und den Appell an verbreitete Vorurteile Unterstützung in der Auseinandersetzung mit dem Liberalismus zu erhalten.

[67] Jensen 2005, 39.

nügende Kultur"[68]? Tatsächlich entstanden im Zuge der jüdischen Integration gerade im soziokulturellen Milieu des gebildeten deutschen Bürgertums Veränderungsängste, die auf mannigfaltige „Modi der Verhandlung von Zugehörigkeit und von innerer Verwandlung sowie Konstellationen des Nebeneinanders und des Austauschs, der Inklusion und der Exklusion"[69] zurückgingen. Denn vorerst blieb die deutsche bürgerliche Bildungskultur noch als wesentliches Gegenmodell mit klar unterscheidbaren Identitäten festgeschrieben. „Ambivalenz", die aus diesen gegenseitigen Durchdringungsprozessen hervorging, „musste für einen kulturellen Zusammenhang bedrohlich wirken und daher Abwehrstrategien hervorrufen"[70]. In der Folge etablierte sich ein Differenzierungsmechanismus, „der sich ein Anderes – aber auch das Eigene neu – schuf."[71]

Das Modell des „Doppelgängertums", des ‚Eigenen' im ‚Anderen' und *vice versa*, wäre demnach zu verstehen als eine komplexe soziokulturelle und sozioökonomische Wechselwirkung. Diese ließ das Judentum wohl zu einem integralen Bestandteil deutschen Bürgertums und dessen Bildungskultur avancieren, während gleichzeitig antijüdische, häufig auf althergebrachte Stereotypen gestützte Reflexe hervorgerufen wurden. Das Oszillieren zwischen Integration und Segregation war denn auch bezeichnend für das deutsch-jüdische Verhältnis (nicht nur) in dieser Gesellschaftsschicht.

Lässt sich nun auf der Grundlage dieser Denkfiguren nicht nur Wagners dichotomes Verhältnis zum Judentum, sondern auch die Tatsache erklären, dass sich bereits im 19. Jahrhundert nicht wenige Juden für den Komponisten Wagner ebenso wie für seine Werke begeisterten und dieses Phänomen bis heute anhält? Daniel Jütte weist auf drei mögliche Lesarten hin,[72] um diesen Enthusiasmus angesichts der bereits seinerzeit nach außen hin manifesten Judenfeindschaft Wagners zu deuten: Erstens sei dieses Phänomen durch den Hinweis auf den „jüdischen Selbsthass" assimilationswilliger, säkularer Juden[73] psychologisch zu erklären versucht worden. Zweitens hätten sich, so ein weiterer Deutungsversuch,

---

[68] Jensen 2005, 39.
[69] Deventer 2012, 98.
[70] Jensen 2005, 39.
[71] Ebd.
[72] Vgl. Jütte 2009a u. 2009b.
[73] Vgl. hierzu: Schwara 2007, 216; Benbassa 2000; Gilman 1993 sowie Lessing 1930 bzw. 2011 (frz. Neuausgabe).

die jüdischen Wagnerianer von jenen Illusionen leiten lassen, die im deutschen Judentum allgemein verbreitet gewesen seien, nämlich vom Glauben an die Möglichkeit eines kollektiven Aufgehens des Judentums im Deutschtum. Dabei sei der sich ausbildende rassische Antisemitismus entweder übersehen oder ausgeblendet worden.[74] Wäre der „jüdische Selbsthass" demzufolge als ‚Weg nach vorn' aus einer prekären Gegenwart in eine höchst ungewisse, keineswegs heilsprechende Zukunft zu lesen?

An diese beiden seiner Ansicht nach wenig befriedigenden Erklärungsversuche schließt Jütte eine dritte Deutung an, die davon ausgeht, dass jüdische Wagnerianer die Werke Wagners keineswegs in der vom Komponisten intendierten und von ihm oft weitschweifig dargelegten Weise rezipierten, sondern Wagners Opern umdeuteten oder mit eigenen Wünschen bzw. Sehnsüchten aufluden, in ihnen also – durchaus auch überkonfessionelle – Erweckungserlebnisse sahen, die Wagner so nicht beabsichtigt hatte bzw. die seinen ideologischen Ansichten zuwiderliefen. Ein eindrückliches Beispiel hierfür ist, so Jütte, die (Um-)Deutung und Überhöhung des *Lohengrin*: Es gibt konkrete Anhaltspunkte dafür, dass diese Oper und insbesondere ihr berühmtes Vorspiel zum ersten Aufzug bereits bei jüdischen Zeitgenossen „als Emblem für die freilich höchst fragile Utopie einer besseren und höheren Gesellschaftsordnung gelten konnte", dass man im *Lohengrin* also die Schranken der Religion und Intoleranz aufgehoben glaubte.[75]

Slavoj Žižek stützt Jüttes Interpretation, indem er im *Parsifal* sogar die „Herausbildung eines neuen Kollektivs" („emerge of a new collecti-

---

[74] Jütte 2009a.

[75] Ebd. Jütte weist in diesem Zusammenhang darauf hin, dass nicht alle Opern Wagners umgedeutet oder mit eigenen Wünschen und Sehnsüchten aufgeladen werden mussten, um die jüdischen Wagnerianer anzusprechen, da sich viele Bühnenwerke Wagners (allgemeingültiger) Themen bedienten, von denen sich auch die deutschen Juden möglicherweise besonders angesprochen fühlten. Jütte geht überdies nicht von einem Zufall aus, dass zwei der prominentesten literarischen Prosawerke des europäischen Fin de Siècle, nämlich Italo Svevos (eigentlich: Hector Aron Schmitz, genannt Ettore Schmitz) Roman *Senilità* (1898) und Thomas Manns Novelle *Wälsungenblut* (1905) Wagners *Walküre* als Subtext in die Handlung einbinden und jüdische Geschwister als Protagonisten haben. Ausführlich zu Manns *Wälsungenblut* vgl. Kaiser 1999. Spezifisch zur Frage des antisemitischen Diskurses in Manns Novelle: Schoffman 1994.

ve") aus dem bestehenden Sozialgefüge eruiert und seinen hermeneutischen Ansatz als „‚Communist' reading of *Parsifal*"[76] bezeichnet:

> What if *Parsifal* [...] points in another direction, that of the emergence of a new collective? If *Tristan* enacts redemption as the ecstatic suicidal escape FROM the social order and *Meistersinger* the resigned integration INTO the existing social order, then *Parsifal* concludes with the invention of a new form of the Social. With Parsifal's „Disclose the Grail!" („*Enthuellt den Graal!*" [sic]), we pass from the Grail community as a closed order where Grail is only revealed in the prescribed time a ritual to the circle of the initiated, to a new order in which the Grail has to remain revealed all the time: „No more shall the shrine be sealed!" („*Nicht soll der mehr verschlossen sein!* [/ enthüllt den Gral! öffnet den Schrein!*; A. S.]"). As to the revolutionary consequences of this change, recall the fate of the Master figure in the triad *Tristan-Meistersinger-Parsifal* (King Marke, Hans Sachs, Amfortas): in the first two works, the Master survives as a saddened melancholic figure; in the third he is DEPOSED and dies. [...]
>
> And what about the final call [im *Parsifal*; A. S.] of the Chorus „Redeem the Redeemer!", which some read as the anti-Semitic statement „redeem/save Christ from the clutches of the Jewish tradition, de-Semitize him"? However, what if we read this line more literally, as echoing the other „tautological" statement from the finale, „the wound can be healed only by the spear which smote it (*die Wunde schließt der Speer nur, der sie schlug*)"? Is this not the key paradox of every revolutionary process, in the course of which not only violence is needed to overcome the existing violence, but the revolution, in order to stabilize itself into a New Order, has to eat its own children?[77]

Aus den Kreisen der zeitgenössischen jüdischen Wagnerianer Wiens sind in der Tat keine Gedanken oder Stellungnahmen über den Zusammenhang von Wagners Aufsatz *Das Judentum in der Musik* mit seinen Opernstoffen wie auch seiner Bedeutung für die deutschnationalen oder antisemitischen Kreise überliefert. Man scheint Wagner als Symbol deutscher Kultur zweifellos bewundert zu haben, man hörte und spielte begeistert seine Opern, wenngleich es jüdische, Wagner gegenüber ab-

---

[76] Žižek 2004, 23.
[77] Ebd. 22 f. (Hervorhebungen im Original).

lehnend eingestellte Kritiker gab, die gegen ihn und sein Gesamtkunstwerkkonzept anschrieben.[78]

Hält man sich Wagners mehrdimensionale und dabei merkmalhaft anti-
thetische, zwischen Animosität und Anziehung, Identifikation, „Doppel-
gängertum" und Abwehr schwankende Einstellung zu den Juden und
zum Judentum vor Augen, überrascht ein Kuriosum, nämlich das Ge-
rücht um Wagners jüdische Herkunft, nicht sonderlich. Dieses geisterte
durch die insbesondere im Wien der 1870er Jahre gegen den Komponisten gerichtete Polemik und hielt sich hartnäckig. So wurde Wagner etwa
in Zeitschriftenkarikaturen mit Vorliebe eine jüdische Physiognomie ver-
liehen.

„Darwinistische Entwicklungslehre: Wie aus Roof Wägeles,
Schofarbläser in Leipzig, allmählich – Richard Wagner wurde"

Karikatur aus der Zeitschrift *Der Floh* (Wien s. a.)

---

[78] Vgl. Pumpe 2007, 336.

Antisemitische Karikatur auf Wagner

Aus der Zeitschrift *Humoristische Blätter* (Wien 1873)

„Wagner in Wien". Ausschnitt aus einem Tableau

Aus der Zeitschrift *Der Floh* (Wien 1875)

Teiltext zur Karikatur: „Do, rö, mü, fa, so, la, si, do. Im Nomen vün der Journalistik was Se hassen, waanen kennt mer, bring' ich Ihnen, weil Se kä Zeitung lesen, waanen kennt mer, ä c l a s s i s c h e Antwort, was in kaaner Z e i t u n g, sündern im G o e t h e steht ünd ünter üns gesagt ä scheen's Compliment is – waanen kennt mer!"

Theodor Zasches Karikatur greift das schwierige Verhältnis Wagners zur Wiener Presse auf, die hier durch das Jüdischdeutsch der Figuren verunglimpft wird. Die zweite Figur von rechts verweist auf Goethes *Götz von Berlichingen* (1773). Im 3. Akt des Schauspiels erscheint ein Trompeter und übermittelt Götz von Berlichingen die Aufforderung zur Kapitulation. Dieser erwidert: „Sag deinem Hauptmann: Vor Ihro Kaiserliche Majestät hab' ich, wie immer, schuldigen Respekt. Er aber, sag's ihm, er kann mich – – –"[79] Die Figur rechts außen spielt wohl auf den aufgrund seiner Verdikte gefürchteten Musikkritiker, Ästhetiker und Musikwissenschaftler Eduard Hanslick an.

---

[79] Goethe, *Werke*, III, 81.

Selbst Friedrich Nietzsche insinuierte in seiner Nachschrift zu *Der Fall Wagner* (*Ein Musikanten-Problem*; 1888) diese Fama, die sich nach dem heutigen Forschungsstand als nicht haltbar erweist:[80]

War Wagner überhaupt ein Deutscher? Man hat einige Gründe, so zu fragen. Es ist schwer, in ihm irgendeinen deutschen Zug ausfindig zu machen. Er hat, als der große Lerner, der er war, viel Deutsches nachmachen gelernt – das ist alles. Sein Wesen selbst *widerspricht* dem, was bisher als deutsch empfunden wurde: nicht zu reden vom deutschen Musiker! – Sein Vater war ein Schauspieler namens Geyer. Ein Geyer ist beinahe schon ein Adler... Das, was bisher als „Leben Wagners" in Umlauf gebracht ist, ist *fable convenue*, wenn nicht Schlimmeres. Ich bekenne mein Misstrauen gegen jeden Punkt, der bloß durch Wagner selbst bezeugt ist. Er hatte nicht Stolz genug zu irgendeiner Wahrheit über sich, niemand war weniger stolz; er blieb, ganz wie Victor Hugo, auch im Biographischen sich treu – er blieb Schauspieler.[81]

---

[80] Vgl. N. N. 1970, 190:

Warum, woher dieser wüste Antisemitismus? Gutmans Biographie (Gutman 1970; A. S.) lässt es erahnen: Richard, im napoleonischen Kriegsjahr 1813 geboren, war nicht das neunte Kind aus der Ehe des Leipziger Polizeiaktuars Carl Friedrich Wagner; sein natürlicher Vater – Gutman hält es ebenso für erwiesen wie Nietzsche – war der Schauspieler Ludwig Geyer, und der, so jedenfalls muss Richard Wagner vermutet haben, war jüdischer Herkunft. Demnach, so wäre zu folgern, hätte sich Wagner, der in Europa tatsächlich vielfach für einen Juden gehalten wurde, mit seinem Judenhass für seine zumindest fragwürdige Abstammung gerächt […].

Vgl. demgegenüber die Anmerkung zu Cosima Wagners Tagebucheintrag vom 1. Januar 1869: „[…] die Legende von R[ichard]W[agner]s jüdischer Abkunft ist durch mehrere Untersuchungen, so Curt von Westernhagens, zerstört: auch die Vorfahren seines Stiefvaters Ludwig Geyer waren thüringische Pastoren und Kantoren […]" (Wagner, Cosima: *Die Tagebücher*, I, 1122 f. In: Wagner, *Werke, Schriften und Briefe*, 37370).

[81] Nietzsche, *Werke*, II, 929, Anmerkung (Hervorhebungen im Original).

Eine neue Kunst für eine neue Gesellschaft

Mit der Einführung eines neuen musikdramatischen Modells, welches das damals gängige geschlossene Prinzip der klassischen Formenwelt nicht nur überschritt, sondern buchstäblich sprengte, war Wagner seiner Zeit weit voraus. Er variierte musikalische Kernelemente in einem völlig offenen Ablauf und auf mehreren Ebenen: auf der melodischen, der harmonischen und der rhythmischen. Insbesondere im Bereich der Harmonik gab Wagner Impulse, die den Bruch mit der Tonalität einleiteten und die Entwicklung der Musik bis weit in das 20. Jahrhundert hinein beeinflussten. Wagner revolutionierte die Ausdrucksfähigkeit romantischer Musik ebenso wie die theoretischen und praktischen Grundlagen der Operngattung, indem er mit der Herausbildung des Gesamtkunstwerkkonzeptes die „Kunst der Zukunft" definierte, zugleich dramatische Handlungen vertonte, dazu selbst den Text verfasste, Regieanweisungen gab und auch die Ausgestaltung der Kulissen, mithin die gesamte Klangraumarchitektur vorgab. Wagner war denn auch einer der wenigen Komponisten, die den Drang des zeitgenössischen Publikums zur Inszenierung derart virtuos zu bedienen wussten. Er zog buchstäblich alle Register und Potentiale der verschiedenen Künste bzw. Kunstrichtungen, um musikdramatisch in einer noch nie dagewesenen Form Größe, Erhabenheit und das Gefühl gemeinschaftlichen Schauspielerlebnisses zu realisieren. Als Konsequenz seiner Kunstauffassung und Inszenierungsideen gründete Wagner als erster Komponist eigene Festspiele in dem von ihm projektierten und 1876 eingeweihten Bayreuther Festspielhaus.[82]

Friedrich Nietzsche erhoffte sich von Wagner und dessen Gesamtkunstwerkkonzept nichts weniger als eine Erneuerung der attischen Tragödie im Musikdrama (*Die Geburt der Tragödie aus dem Geiste der Musik*; 1872). Nietzsche zufolge wären damit für die Kunst jener Schauplatz und jene ontologische Autorität wiedergewonnen, an dem eine Gesellschaft sich selbst reflektierte und über sich selbst verständigte, an dem für die gemeinschaftliche Anschauung der Sinn allen Tuns, Treibens und Reigens offenbar würde. In seinen Augen sollte das wagnersche Musikdrama, wie die antike Tragödie, als Gesamtkunsterlebnis Zuschauer und Werk in starkem, instinktsicherem, „tragischem Geist" zusammen- und hinter alle Formen der „Dekadenz" zurückführen. Es ging Nietzsche in

---

[82] Ausführlich zum Konzept des „Gesamtkunstwerks": Lütteken 2008, Brock 1983, Lingner 1983, Marquard 1983 u. Szeemann 1983.

seiner ohnehin apodiktischen Absage an jegliche Kontinuität des Zeit-
bewusstseins darum, eine von Grund auf erneuerte und über sich selbst
hinausreichende Kunstform gegen die Malaisen seines Zeitalters und
damit gegen die disparaten Identitäten einer Epoche in Stellung zu bringen, der die Gleichzeitigkeit von Zivilisation und Barbarei, Pracht und
Elend, Innovation und Rückschritt zugrunde lagen. Revolutionär und
geschichtsmächtig hatte die neue Kunst zu sein. Und für Nietzsche war –
bevor persönliche Animositäten zwischen ihm und Wagner zu viel Ge-
wicht gewinnen sollten – Wagner jener geniale Demiurg, dem er eine
solche Erneuerung buchstäblich abverlangte.[83]

Doch welche Rolle sollte in Wagners dergestalt angedachtem und bereits
in Umsetzung begriffenem Lebens-, Gesellschafts- und Kunstentwurf
dem Judentum zukommen? Wie und vor allem wo in seinem Weltbild
verortete Wagner die Juden als sich zunehmend emanzipierende und zugleich das allgemeine Kunstleben mitgestaltende, laut Wagner gar domi-
nierende Mitglieder der Gesellschaft? Und ließen sich die Juden bzw.
das Judentum in Wagners sozialpolitisch unterströmtes und die großen
existentiellen Themen behandelndes Gesamtkunstwerkkonzept überhaupt einbinden?
    Fest steht, dass in Wagners Musikdramen nicht einfach (sofern über-
haupt!) negativ klischierte Juden und positiv konnotierte Germanen auf-
treten, sondern vor allem Außenseiter verschiedenster Art. Im *Fliegenden Holländer* ist es sozusagen die Trias von Ahasver, Odysseus und
dem Typus des modernen Entdeckers, die dieses Pariatum verkörpern,
ohne dass mit antisemitischem Pedal gespielt wird.
    Sodann behandelt Wagners „Musiktheater" oder korrekter „Musik-
drama"[84], dem ein umfassendes theoretisches Konzept mit dem Ziel einer
Verbindung und Integration der unterschiedlichen Kunstformen zugrunde liegt, in oftmals archetypischer Akzentuierung Themen, die durchaus
„das Potential hatten, gewissermaßen die innersten Saiten der deutsch-
jüdischen Rezipienten zum Schwingen zu bringen oder den Finger in
manche kollektive Wunde des deutschen Judentums zu legen"[85]. Zu die-

---

[83] Vgl. Seljak 2012a, 72; Delius 2005, 91.
[84] Ausgehend von den Spezifika des wagnerschen Gesamtkunstwerkkonzeptes ist es opportun, das zeitgenössische europäische „Musiktheater" (vgl.
hierzu einige einschlägige, im Literaturverzeichnis aufgeführte Untersuchungen) begrifflich vom „Musikdrama" zu unterscheiden.
[85] Jütte 2009a.

sem Themeninventar gehören etwa der Zerfall, zugleich aber auch die Beschwörung und Idealisierung traditioneller Familienstrukturen, wie sie im *Ring des Nibelungen* mit Nachdruck dargestellt werden (namentlich in der Geschichte der Wälsungen-Zwillingen Siegmund und Sieglinde).

Gerade diese Zuspitzung der Verwandtschaftsthematik in Wagners Werk besaß das Potential, den unmittelbaren Erfahrungshorizont und Lebensentwurf vieler jüdischer Rezipienten – insbesondere aus dem deutschen Bürgertum – zu berühren. So faszinierten den jüdischen Arzt und Sozialdemokraten Julius Moses nicht nur das Heldenhafte sowie die „Gefühlsmonumentalität" des wagnerschen Oeuvres („daher lieben wir Wagner"), sondern auch die damit einhergehenden Identifikationsmöglichkeiten: Denn der Wagnerianer Moses betrachtete diese Eigenschaften von Wagners Werk nicht als nationalen Appell und Deutschtümelei, sondern vielmehr als „Tröstungen für unsere eigene Zerrissenheit (als Juden)", wie sie Moses sonst vor allem in der Bibel fand. Der russische Zionist und Musiker Mordechai Golinkin, der 1923 in Tel Aviv die „Palestine Opera" begründete,[86] ging sogar so weit, dass er Theodor Herzls praktischen Zionismus und Wagners revolutionäre Ideen als die zwei Säulen seiner eigenen künstlerischen Mission bezeichnete. Wagners Ästhetik vermochte, zumal in ihrer nationalen Konnotation, bereits in Herzls Augen für einen jüdischen Staat zur Inspiration zu werden. So heißt es in Herzls *Selbstbiographie* aus dem Jahre 1898:[87]

> Während der letzten zwei Monate meines Aufenthaltes in Paris (1891–1896; A. S.) schrieb ich das Buch „Der Judenstaat", das mir die Ehre verschafft hat, von Ihrem Blatte um einige biographische Angaben über meine geringe Person ersucht worden zu sein. Ich erinnere mich nicht, je etwas in so erhabener Gemütsstimmung wie dieses Buch geschrieben zu haben. Heine sagt, dass er die Schwingen eines Adlers über seinem Haupte rauschen hörte, als er gewisse Verse niederschrieb. Ich glaubte auch an so etwas wie ein Rauschen über meinem Haupte, als ich dieses Buch schrieb. Ich arbeitete an ihm täglich, bis ich ganz erschöpft war; meine einzige Erholung am Abend bestand darin, dass ich wagnerscher Musik zuhörte, besonders dem Tannhäuser, eine Oper, welche ich so oft hörte, als sie gegeben wur-

---

[86] Hierzu: Šefi 2002, 37, Anm. 16. u. Jütte 2009b, 128 f.

[87] Jütte 2009a (zitiert nach ebd.); Borchmeyer 2008, 82; Orfei 2007, 43 f.; Horowitz 1998.

de.[88] Nur an den Abenden, wo keine Oper aufgeführt wurde, fühlte ich Zweifel an der Richtigkeit meiner Gedanken.[89]

Demnach waren überzeugte jüdische Wagnerianer bereits im 19. Jahrhundert sehr wohl in der Lage, eine kritische Haltung gegenüber manch Tendenziösem wie Maliziösem bei Wagner einzunehmen und doch klar zwischen Werk und Komponist zu trennen.

---

[88] Wagners stark autobiographisch geprägtes Werk *Der Tannhäuser* zeigt einen Getriebenen, der, wie Wagner selbst festhielt, „nie und nirgends etwas nur ‚ein wenig‘, sondern alles voll und ganz" ist (Wagner (Wagner, *Werke, Schriften und Briefe; Sämtliche Schriften und Dichtungen*, V, 152.). Wie der Holländer, so ist auch die Titelfigur Heinrich Tannhäuser ein stets Suchender und Heimatloser, ein zwischen Traum und Realität Zerrissener, der sich inmitten schrankenloser Sinnlichkeit verzweifelt nach Reinheit und Erlösung sehnt.

[89] Zitiert nach der Fassung aus dem Londoner *Jewish Chronicle* vom 14. Januar 1898. (http://www.zionismus.info/herzl/selbstbiographie.htm, letzter Abruf am 4. Januar 2013). Šefi (2002, 163, Anm. 21) weist auf die von Dina Porat erwähnte und „von vielen Israelis ungern akzeptierte Episode" hin, wonach „Theodor Herzl *Den Judenstaat* verfasst haben soll, nachdem er den *Tannhäuser* in der Oper gehört hatte."

Ambivalenzen des antisemitischen Diskurses

Seine missgünstige Geringschätzung jüdischer oder seiner Auffassung nach[90] jüdischer Komponisten wie Felix Mendelssohn Bartholdy[91] oder Meyerbeer, für Wagner das Symbol des geschmacklosen und kommerzorientierten Kulturkapitalismus schlechthin, versuchte Wagner mit Schriften wie *Das Judentum in der Musik* (1850) und dem darauf aufbauenden öffentlichen Brief an Gräfin Marie Muchanow (Muchanoff, geborene Gräfin Nesselrode) vom 3. Januar 1869 zu theoretisieren – wohl auch um seine persönliche Motivation zu kaschieren und diese in ein allgemeines theoretisches Konzept zu überführen.

In diesem Zusammenhang ist darauf hinzuweisen, dass gerade die beiden von ihm heftig diffamierten Komponisten Meyerbeer und Mendelssohn Wagner musikalisch erheblich und nachhaltig beeinflusst haben.[92] Zudem sah sich Wagner in künstlerischer Konkurrenz mit Meyer-

---

[90] Der 1809 geborene Felix Mendelssohn Bartholdy wurde von seinen Eltern Abraham und Lea, die im Herbst 1822 zum Protestantismus konvertierten, christlich erzogen und bereits 1816 zusammen mit seinen drei Geschwistern im Rahmen einer Haustaufe protestantisch getauft. Für Wagner blieb Mendelssohn Bartholdy dessen ungeachtet ein in seinem Innersten „jüdischer" Komponist.

[91] In seiner Schrift *Jenseits von Gut und Böse* (*Vorspiel einer Philosophie der Zukunft*, 1886) bezeichnet Nietzsche Mendelssohn Bartholdy als „halkyonischen Meister, der um seiner leichteren reineren beglückteren Seele willen schnell verehrt und ebenso schnell vergessen wurde: als der schöne *Zwischenfall* der deutschen Musik" (Nietzsche, *Werke*, II, 712 [Aphorismus 245]; Hervorhebung im Original).

[92] Laut Döhring (1998) rekurrierte Wagner auf Meyerbeer, als er in *Oper und Drama* (1850/51) das Grundkonzept einer eigenen, gegen das System der alten Oper gerichteten Musikdramatik entwickelte, diese also Meyerbeers Kunst bis hin zum katastrophischen Finale des *Rings des Nibelungen* einiges verdanke. Bei Wagners Konzept handle es sich denn auch, so Döhring, um eine interpretierende Weiterentwicklung von Meyerbeers Musiktheater.

Während bereits Wagners Zeitgenossen den französischen Nukleus in seiner Kunst erkannten, konstatierte Wagner in seiner Schrift *Oper und Drama*, dass Meyerbeers Werke (sowenig er seine Opern schätzte, nachdem er sie in seinen Pariser Jahren noch gefeiert hatte) die Brücke von der älteren zur neuen Oper schlugen. Erst im Zuge des Riesenerfolges von *Le Prophète* (1849) wandte sich Wagner dann endgültig von Meyerbeer ab.

beer, die ihm durchaus, wie er selber eingestand, „Bosheit" abverlangen konnte.[93]

Von besonderem Interesse ist, dass ebenfalls 1869, als Wagner die zweite Fassung von *Das Judentum in der Musik* veröffentlichte, seine Abhandlung *Über das Dirigieren* in Leipzig erschien. Darin kritisiert Wagner die Usancen, insbesondere die Schlagtechniken und die Wahl der Tempi zeitgenössischer Kapellmeister. Diese zögen seiner Ansicht nach die Aufmerksamkeit des Publikums auf sich selbst anstatt auf das Werk. Für Wagner war dies ein untrügliches Kennzeichen dafür, dass solche Dirigenten ein mangelndes Verständnis insbesondere seines Werks aufwiesen und aufgrund ihres intellektuellen Habitus kein ‚richtiges Gefühl' – Wagner nennt es „Sympathie" – entwickeln könnten.[94] Da Wagner aufgrund seiner Lebensjahre im Exil nur wenig Einfluss auf die Dirigate und Aufführungspraxis seiner Werke im Ausland hatte, überrascht es nicht, dass er seine diesbezüglichen Vorstellungen zu Papier brachte. So hält er gleich zu Beginn seiner Schrift unmissverständlich fest:

> Unstreitig kann es den Tonsetzern nicht gleichgültig sein, in welcher Weise vorgetragen ihre Arbeiten dem Publikum zu Gehör kommen, da dieses sehr natürlich erst durch eine gute Aufführung von einem Musikwerke den richtigen Eindruck erhalten kann, während es den durch eine schlechte Aufführung hervorgebrachten unrichtigen Eindruck als solchen nicht zu erkennen vermag. Wie es nun aber um die allermeisten Aufführungen nicht nur von Opern, sondern auch von Konzertmusikwerken in Deutschland steht, wird Manchem zu Bewusstsein kommen, wenn er meiner Beleuchtung der Elemente solcher Aufführungen mit Aufmerksamkeit und einiger Kenntnis folgt.[95]

---

[93] Vgl. Wagners Brief vom 28. September 1852 an seine Nichte Franziska:
Die Möglichkeit einer sehr guten Aufführung (des *Tannhäuser*; A. S.) reizt mich zunächst; die Aussicht auf einen furchtbaren, aber wichtigen und ungemein erfolgreichen Kampf mit Meyerbeer stachelt meine – nenne es: Bosheit; eine fesselnde Tätigkeit mit Bezug auf eine unmittelbare und interessante Aufführung dürfte außerdem meinem Gesundheitszustande sehr vorteilhaft sein, der in meiner jetzigen läge in schnellem schritte seinem vollständigen Ruine entgegengeht.
(Wagner, *Briefe*, V, 59)

[94] Recknagel 2012, 172 u. 174.

[95] Wagner, *Werke, Schriften und Briefe*; *Sämtliche Schriften und Dichtungen*, VIII, 261 f.

Weiter schreibt Wagner:

> Hätten sie diese (die Anwendung der Musik auf die dramatische Kunst; A. S.), namentlich den dramatischen Gesang und Ausdruck richtig verstanden, so wäre ihnen von diesem Verständnisse aus wieder ein Licht über den Vortrag des Orchesters, namentlich bei den Werken der neuen deutschen Instrumentalmusik, aufgegangen. [...] *Nur die richtige Erfassung des Melos gibt aber auch das richtige Zeitmaß an: beide sind unzertrennlich; eines bedingt das andere.*[96]

Als Paradebeispiel für diese „eleganten Kapellmeister neuesten Schlages" bzw. „der neueren Zeit", die sich mehr dem Konzert als der Oper verpflichtet fühlten, nennt Wagner Mendelssohn Bartholdy. Indes fällt Wagners Urteil auch hier differenziert aus, zumal er für die traditionellen Kapellmeister, die sich durch ihre Arbeit in der täglichen Theaterpraxis einen Namen gemacht hatten, durchaus Achtung empfand. Den Anforderungen an adäquate Interpretationen seiner Werke – und damit an die moderne Musik im Allgemeinen – seien sie allerdings nicht gewachsen:[97]

> Aber auch nach wirklichem Rufe wird zu Zeiten ausgegangen: es müssen „musikalische Größen" herbeigezogen werden. Die Theater haben keine solche aufzuweisen: aber die Singakademien und Konzertanstalten liefern deren welche, namentlich nach den Anpreisungen der Feuilletons der großen politischen Zeitungen, ziemlich alle zwei bis drei Jahre. Dies sind nun unsere heutigen Musikbanquiers, wie sie aus der Schule Mendelssohns hervorgegangen sind, oder durch dessen Protektion der Welt empfohlen wurden.[98] Das war nun allerdings ein anderer Schlag Menschen als die hilflosen Nachwüchse unserer alten Zöpfe, – nicht im Orchester oder beim Theater aufgewachsene Musiker, sondern in den neu gegründeten Konservatorien wohlanständig aufgezogen, Oratorien und Psalmen komponierend, und den Proben der Abonnementskonzerte zuhörend. Auch im Dirigieren hatten sie Unterricht bekommen, und besaßen zudem eine elegante Bildung, wie sie bisher bei Musikern gar nicht vorgekom-

---

[96] Wagner, *Werke, Schriften und Briefe*; *Sämtliche Schriften und Dichtungen*, VIII, 268 u. 274 (Hervorhebung im Original).

[97] Vgl. Recknagel 2012, 175.

[98] Hinrichsen (2001, 79) schreibt hierzu: „‚Musikbankiers' sind in Wagners interpretationsästhetischer Polemik die das deutsche Musikleben beherrschenden Dirigenten, die aus der Nivellierung musikalischer Qualitäten Mehrwert schlagen."

men war. An Grobheit war jetzt gar nicht mehr zu denken; und was bei unseren armen eingeborenen Kapellmeistern ängstliche, selbstvertrauenslose Bescheidenheit war, äußerte sich bei ihnen als guter Ton, zu welchem sie außerdem durch ihre etwas befangene Stimmung unserem ganzen deutsch-zöpfischen Gesellschaftswesen gegenüber sich angehalten fühlten. Ich glaube, dass diese Leute manchen guten Einfluss auf unsere Orchester ausgeübt haben: gewiss ist viel Rohes und Tölpelhaftes hier verschwunden, und manches Detail im eleganten Vortrage seitdem besser beachtet und ausgebildet worden. Ihnen war das neuere Orchester bereits viel geläufiger, denn in vieler Beziehung verdankte dieses ihrem Meister Mendelssohn eine besonders zarte und feinsinnige Ausbildung auf dem Wege, welchen bis dahin Webers herrlicher Genius zuerst neu erfinderisch betreten hatte.[99]

Wagners Schrift *Über das Dirigieren* wird „in der Regel […] als rein ästhetische Abhandlung" rezipiert, in der „die Relevanz der praktischen Reproduktion und Interpretation für die Musikästhetik" ebenso reflektiert wird wie „das problematische Verhältnis der interpretativen Darstellung eines Musikwerkes zu eben diesem ‚Werk selbst', das ja doch immer nur durch das Medium der Interpretation hindurch als solches greifbar wird". Allerdings schlägt Wagner in seinen Ausführungen verschiedene Volten: Diese sind abermals gezielt gegen Mendelssohn Bartholdy und Meyerbeer (der hier, anders als in *Das Judentum in der Musik*, ausdrücklich mit Namen genannt ist) gerichtet. Ein enger Zusammenhang, ja eine merkmalhafte gedankliche Verbindung zwischen der Schrift *Über das Dirigieren* und dem fast gleichzeitig publizierten Pamphlet *Das Judentum in der Musik* liegt geradezu auf der Hand.[100] Zwar sei, so Hans-Joachim Hinrichsen, *Über das Dirigieren* in den Kontext einer „scharfen, weil sehr genau beobachtenden Kulturkritik"[101] einzubinden, die Wagners Reflexion über die Problematik musikalischer Interpretation und ihrer Protagonisten widerspiegele. Gleichzeitig müsse diese Schrift Wagners jedoch als äußerst problematisch betrachtet werden, da ihr ein „durchgehende[r] antijüdische[r] Subtext"[102] zugrunde liege. Zwar bemühe Wagner, so Hinrichsen weiter, in dieser Abhandlung weniger os-

---

[99] Wagner, *Werke, Schriften und Briefe*; *Sämtliche Schriften und Dichtungen*, VIII, 265 f.

[100] Vgl. Recknagel 2012, 175 f.

[101] Hinrichsen 2001, 79.

[102] Ebd.

tentativ antisemitische Klischees als in *Das Judentum in der Musik* („Selten zwar wird Wagners Antisemitismus in diesem Text wirklich explizit"[103]). Dessen ungeachtet diente *Über das Dirigieren* deutlich genug der „Verständigung mit dem ‚wissenden' Zeitgenossen"[104], der die subkutanen antisemitischen Ressentiments Wagners kaum übersehen konnte. Denkt man *Das Judentum in der Musik* und *Über das Dirigieren* vor diesem Hintergrund zusammen, so ergibt sich für Hinrichsen ein unzweideutiger Befund:

> Wagner scheint um diese Zeit von einer tiefgreifenden Korruption des deutschen Musiklebens überzeugt zu sein – und zwar infolge eines Moments, das er zu dem von der jeweils konkreten Erscheinung abgelösten musikalischen „Judentum" stilisiert. Die Situation des in den späten 1860er Jahren aus München in die Schweiz vertriebenen Wagner ist derjenigen von 1850 so weit vergleichbar, dass sie den zweiten genetischen Schub antisemitischer Paranoia verblüffend genau erklärt: Zum zweiten Mal muss Wagner seine Musikdramen und die ihnen zugrundeliegende symphonische Tradition, um deren grundsätzliche Interpretationsbedürftigkeit er wie kein zweiter weiß (die jedenfalls er als einer der ersten zum ästhetischen Problem erhoben hat), der Darstellung durch mehr oder weniger unbefugte Dritte überlassen. Das bedrängende Problem ist das der Unbeeinflussbarkeit der Zirkulationssphäre: Wagners Werke werde also entweder a priori von den Intendanten der Opernhäuser und Konzertinstitute boykottiert, oder sie werden (samt der symphonischen Tradition, von der sie zehren) unter den Händen der Interpreten bis zur Unkenntlichkeit entstellt. In beiden Hinsichten sieht Wagner „das Judentum" als den allseits tätigen Agenten einer umfassenden und folgenreichen künstlerischen Nivellierung in der Reproduktionssphäre der Musik.[105]

Die nachfolgend zitierten Passagen aus der Schrift *Über das Dirigieren* vermitteln einen Eindruck davon, wie Wagner seine bereits in *Das Judentum in der Musik* ausführlich dargelegte Gegnerschaft zu Meyerbeer und Mendelssohn Bartholdy erneut aufgriff und dabei einen ähnlichen Ton anschlug. Im Grunde respektierte Wagner deren Verdienst um frühere, also althergebrachte und damit in seinen Augen überholte Formen der Musik. Gleichzeitig spricht er Mendelssohn Bartholdy und Meyerbeer aber die Fähigkeit ab, die künftige Ontologie der Kunst –

---

[103] Hinrichsen 2001, 81.
[104] Ebd.
[105] Ebd. 82 f.

mithin *seiner eigenen* Kunst – mitbestimmen zu können. Wie die von Wagner missbilligten „eleganten Kapellmeister neuesten Schlages" seien, so der implizite Vorwurf, auch diese beiden Komponisten nicht in der Lage, die Grundlagen und Voraussetzungen für ‚die' moderne Kunst zu erfüllen. Wohl spricht Wagner, wie in *Das Judentum in der Musik*, Mendelssohn Bartholdy und Meyerbeer als Repräsentanten ‚des' jüdischen Musikers eine außerordentliche „Begabung im Nachahmen musikalischer eigenschöpferischer Leistungen"[106] zu.

Das hohe Niveau jüdischer Musiker als Interpreten wird keineswegs in Frage gestellt – wohl aber die Fähigkeit zur musikalischen Kreativität: „Da er (der jüdische Musiker; A. S.) aber in der nichtjüdischen Kultur immer als Fremder stehe, diese Kultur nicht wirklich verstehe, bleibe es bei dem Nachäffen und Nachschaffen, komme es nie zu eigener Produktivität. Da es keine wirkliche jüdische musikalische Tradition gebe, könne er als Komponist gar nicht anders, als die verschiedenen Formen und Stilarten aller Meister und Zeiten durcheinanderzuwerfen."[107]

Dementsprechend koppelt Wagner in *Über das Dirigieren* Kulturkritik mit Kapitalismuskritik und knüpft an Kernthemen an, die er bereits in *Das Judentum in der Musik* entfaltet hat:

> *Meyerbeer* war z. B. sehr delikat; er bezahlte aus seiner Tasche einen neuen Flötisten, der ihm in Paris eine Stelle gut blasen sollte. Da er recht gut verstand, was auf einen glücklichen Vortrag ankommt, außerdem reich und unabhängig war, hätte er für das Berliner Orchester von außerordentlicher Verdienstlichkeit werden können, als ihn der König von Preußen als Generalmusikdirektor dazu berief. Hierzu war nun gleichzeitig aber auch *Mendelssohn* berufen, dem es doch wahrlich nicht an ungewöhnlichsten Kenntnissen und Begabungen fehlte. Gewiss stellten sich Beiden dieselben Hindernisse entgegen, welche eben alles Gute in diesem Bereiche bisher gehemmt haben: allein, diese eben sollten sie hinwegräumen, denn dazu waren sie, wie nie Andere wieder, in jeder Hinsicht ergiebig ausgerüstet. Warum verließ sie ihre Kraft? Es scheint: weil sie eben keine Kraft hatten. Sie ließen die Sache stecken: nun haben wir das „berühmte" Berliner Orchester

---

[106] Fischer 2012, 248.

[107] Ebd. Fischer (ebd. 255) weist in diesem Zusammenhang auf eine aufschlussreiche Tagebuchaufzeichnung hin, die Joseph Goebbels am 22. Dezember 1940 notierte. Dort heisst es: „Wir besprechen Theaterfragen. Der Führer ist sehr interessiert. Er erklärt Erscheinungen wie Mahler oder Max Reinhardt, deren Fähigkeiten und Verdienste er nicht abstreitet. In der Reproduktion vermag der Jude manchmal etwas zu leisten" (zitiert nach ebd.).

vor uns, in welchem auch noch die letzte Spur selbst der Spontinischen Präzisionstradition geschwunden ist. Und dies waren Meyerbeer und Mendelssohn! Was werden nun anderswo ihre zierlichen Schattenbilder ausrichten? […]

Robert Schumann klagte mir einmal in Dresden, daß in den Leipziger Konzerten *Mendelssohn* ihm allen Genuss an der neunten Symphonie (Ludwig van Beethovens; A. S.), durch das zu schnelle Tempo namentlich des ersten Satzes derselben, verdorben habe. Ich selbst habe Mendelssohn nur einmal in einer Berliner Konzertprobe eine Beethoven'sche Symphonie aufführen gehört: es war dies die achte Symphonie (F dur) (sic). Ich bemerkte, daß er – fast wie nach Laune – hie und da ein Detail herausgriff, und am deutlichen Vortrage desselben mit einer gewissen Obstination (Eigensinn; A. S.) arbeitete, was diesem einen Detail so vortrefflich zu Statten kam, daß ich nur nicht recht begriff, warum er dieselbe Aufmerksamkeit nicht auch anderen Nuancen zuwendete: im Übrigen floss diese so unvergleichlich heitere Symphonie außerordentlich glatt und unterhaltend dahin. Persönlich äußerte er mir einige Male im Betreff des Dirigierens, daß das zu langsame Tempo am meisten schade, und er dagegen immer empfehle, etwas lieber zu schnell zu nehmen; ein wahrhaft guter Vortrag sei doch zu jeder Zeit etwas Seltenes; man könne aber darüber täuschen, wenn man nur mache, daß nicht viel davon bemerkt werde, und dies geschehe am besten dadurch, daß man sich nicht lange dabei aufhalte, sondern rasch darüber hinwegginge. Die eigentlichen Schüler Mendelssohn's (sic) müssen von dem Meister hierüber noch Mehreres und Genaueres vernommen haben; denn eine zufällig eben nur gegen mich geäußerte Ansicht kann es nicht gewesen sein, da ich des Weiteren Gelegenheit hatte, die Folgen, wie endlich auch die Gründe jener Maxime kennen zu lernen. […]

Das Schicksal der deutschen Musikzustände, die gänzliche Achtlosigkeit der deutschen Kunstbehörden, hat Jenen nun einmal die Führung der höheren deutschen Musikgeschäfte in die Hände gespielt: sie fühlen sich sicher in Amt und Würden. – Wie ich vom Anfang herein es beachten ließ, besteht dieser Areopag[108] aus zwei grundverschiedenen Geschlechtern: dem der verkommenen deutschen Musikanten alten Stiles, welche besonders im naiveren Süddeutschland sich länger in Ansehen erhielten, und dem der dagegen

---

[108] Der „Areopag" („Areshügel") (altgriech. Ἄρειος πάγος [*Áreios págos*]) bezeichnet eine im Stadtgebiet von Athen gelegene und von alters her als heilig betrachtete Stätte. Der Areopag diente im antiken Athen als Tagungsstätte der höchsten Beamten und als oberster Gerichtshof der Polis.

aufgekommenen eleganten Musiker neueren Styles, wie sie namentlich in Norddeutschland aus der Schule Mendelssohns hervorgingen. Gewissen Störungen ihres gedeihlichen Geschäftes, welche sich von neuester Zeit datieren, ist es zu verdanken, daß diese beiden Gattungen, welche sonst nicht viel von einander hielten, sich zu gegenseitiger Anerkennung vereinigt haben, und in Süddeutschland die Mendelssohn'sche Schule, mit dem was dazu gerechnet wird, schließlich nicht minder goutiert und protegiert wird, als in Norddeutschland der Prototyp der süddeutschen Unproduktivität mit plötzlich empfundener Hochachtung bewillkommnet wird […].

Wie nun aber z. B. den Juden unser Gewerkwesen fremd geblieben ist, so wuchsen auch unsere neueren Musikdirigenten nicht aus dem musikalischen Handwerkerstande auf, der ihnen, schon der strengen wirklichen Arbeit wegen, widerwärtig war. Dagegen pflanzte sich dieser neue Dirigent sogleich auf der Spitze des musikalischen Innungswesens, etwa wie der Banquier auf unserer gewerktätigen Sozietät, auf. Hierfür musste er sofort Eines mitbringen, was dem von unten auf gedienten Musiker eben abging, oder von ihm doch nur äußerst schwer, und selten genügend zu gewinnen war: wie der Banquier das Kapital, so brachte dieser die *Gebildetheit* mit. Ich sage: Gebildetheit, nicht *Bildung*; denn wer diese wahrhaft besitzt, über den ist nicht zu spotten: er ist Allen überlegen. Der Besitzer der Gebildetheit aber lässt über sich reden.

Mir ist nun kein Fall bekannt geworden, in welchem selbst bei der glücklichsten Pflege dieser Gebildetheit hier der Erfolg einer wahren Bildung, nämlich wahre Geistesfreiheit, Freiheit überhaupt, zum Vorschein gekommen wäre. Selbst Mendelssohn, bei so mannigfachen und mit ernstlicher Sorgfalt gepflegten Anlagen, ließ deutlich an sich erkennen, daß er zu jener Freiheit nie gelangte, und jene eigentümliche Befangenheit nie überwand, welche für den ernsten Betrachter ihn, trotz aller verdienten Erfolge, außerhalb unseres deutschen Kunstwesens erhielt, ja vielleicht in ihm selbst zu einer nagenden, sein Leben so unbegreiflich früh verzehrenden Pein ward. Der Grund hiervon ist eben dieser, daß dem ganzen Motive eines solchen Bildungsdranges keine Unbefangenheit innewohnt, wogegen dieses mehr in der Nötigung, vom eigenen Wesen etwas zu verdecken, als in dem Triebe, dieses selbst frei zu entfalten, beruht. Die Bildung, welche hieraus hervorgeht, kann daher nur eine unwahre, eine eigentliche Afterbildung sein: hier kann in einzelnen Richtungen die Intelligenz sehr geschärft werden; das, worin alle Richtungen zusammentreffen, kann aber nie die wahre, rein sehende Intelligenz selbst sein.

[…] Mit welcher der von mir bezeichneten Eigenschaften unserer Dirigenten ich selbst bei den Aufführungen meiner Opern zu tun ha-

be, muss mir, wenn ich meine Erfahrungen in diesem Betreff über-
denke, immer wieder ungewiss bleiben. Ist es der Geist, in welchem
unsere große Musik im Konzert, oder der, in welchem die Oper im
Theater behandelt wird? Ich glaube, das Schlimme für mich ist, daß
die beiden Geister sich beim Befassen mit meinen Opern die Hand
reichen, um sich in einer nicht eben sehr erfreulichen Weise zu er-
gänzen. Wo der erstere, der an unserer klassischen Konzertmusik
sich übende Geist, freies Spiel hat, wie in den einleitenden Instru-
mentalsätzen meiner Opern, erfahre ich nur die niederschlagendsten
Folgen jenes von mir so ausführlich besprochenen Vorgehens. In diesem Bezug habe ich von nichts als vom Tempo zu reden, welches
widersinnig entweder verjagt (wie z. B. von Mendelssohn selbst der-
einst in einem Leipziger Konzert meine Tannhäuser-Ouvertüre, um
sie als abschreckendes Beispiel hinzustellen), oder verschludert (wie
in Berlin oder meistens sonst überall mein Lohengrin-Vorspiel), oder
verschleppt und verschludert zugleich (wie neuerdings mein Vorspiel
zu den „Meistersingern" in Dresden und anderen Orten), – nirgends
aber mit der sinnvollen Modifikation zu Gunsten eines verständli-
chen Vortrages behandelt wird, auf welche ich mit nicht minderer
Bestimmtheit, wie auf das Richtigspielen der Noten selbst rechnen
muss.[109]

Trotz allem gilt, dass Wagner mit seinen gegen Mendelssohn gerichteten
Invektiven in *Das Judentum in der Musik* dessen Stellung in der damaligen Musikwelt auf lange Zeit untergrub:

Was so dem Vornehmen des Juden, Kunst zu machen, entspricht,
muss demnach notwendig die Eigenschaft der Kälte, der Gleichgültigkeit – bis zur Trivialität und Lächerlichkeit haben, und wir müssen
die Periode des Judentumes in der modernen Musik geschichtlich als
die *der vollendeten Unproduktivität, der verkommenden Stabilität*
bezeichnen. –
    An welcher Erscheinung wird uns dies alles klarer, ja an welcher
konnten wir es einzig fast innewerden, als an den Werken eines Musikers von jüdischer Abkunft, der von der Natur mit einer spezifisch
musikalischen Begabtheit ausgestattet war, wie wenige Musiker
überhaupt vor ihm? Alles, was sich bei der Erforschung des Grundes
unserer Antipathie gegen jüdisches Wesen unserer Betrachtung dar-

---

[109] Wagner, *Werke, Schriften und Briefe*; *Sämtliche Schriften und Dichtungen*, VIII, 265–267, 276 f., 311, 313 f. u. 326 f. (Hervorhebungen im
Original).

bot, aller Widerspruch dieses Wesens in sich und uns gegenüber, alle Unfähigkeit desselben, außerhalb unseres Bodens stehend, dennoch auf diesem Boden mit uns verkehren, ja gar die ihm entsprossenen Erscheinungen weiter entwickeln zu wollen, steigert sich zu einem völlig tragischen Konflikt in der Natur, dem Leben und Kunstwirken des früh verschiedenen *Mendelssohn*.

Dieser hat uns gezeigt, dass ein Jude von reichster spezifischer Talentfülle sein, die feinste und mannigfaltigste Bildung, das gesteigertste und zartempfindendste Ehrgefühl besitzen kann, ohne durch Hilfe aller dieser Vorzüge es je ermöglichen zu können, auch nur ein einziges Mal die tiefe, Herz und Seele ergreifende Wirkung auf uns hervorzubringen, die wir von der Musik erwarten, weil wir sie dessen fähig wissen, weil wir diese Wirkung zahllos oft empfunden haben, sobald ein Heros unserer Kunst – sozusagen – nur den Mund auftat, um zu uns zu sprechen. Kritikern vom Fach, die hierüber zu gleichem Bewusstsein mit uns gelangt sein sollten, möge es überlassen sein, diese zweifellos gewisse Erscheinung aus den Einzelheiten der Mendelssohnschen Kunstproduktionen nachweislich zu bestätigen, uns genüge es hier, zur Verdeutlichung unserer allgemeinen Empfindung uns zu vergegenwärtigen, dass bei Anhörung eines Tonstückes dieses Komponisten wir uns nur dann gefesselt fühlen konnten, wenn nichts anderes als unsre, mehr oder weniger nur unterhaltungssüchtige Phantasie durch Vorführung, Reihung und Verschlingung der glattesten, feinsten und kunstfertigsten Figuren, wie im wechselnden Farbenspiele des Kaleidoskopes, angeregt blieb, wogegen unsere höhere Empfänglichkeit stets da nicht befriedigt wurde, wo diese Figuren die Gestalt tiefer, markiger menschlicher Herzensempfindungen anzunehmen bestimmt waren.[110]

---

[110] Wagner, *Das Judentum in der Musik* [1850], 68 f. (Hervorhebungen im Original).

In der Neuauflage seines Aufsatzes, einer gesondert erschienenen Broschüre aus dem Jahre 1869, ging es Wagner nach seinen eigenen Worten darum, die Gründe für die ihm aus seiner Sicht entgegengebrachte
Anfeindung durch die „Musikjuden" darzulegen. In seinem Schreiben an
Gräfin Muchanov sieht Wagner in der Missgunst seitens der Juden sowie
in deren Reaktion auf seinen Essay *Das Judentum in der Musik* von 1850
die Hauptgründe dafür, dass er selber, sein Werk sowie seine theoretischen Konzepte „Anfeindungen", „Agitation" und „Verfolgungen" „aus
dem Kreise der jüdischen Sozietät" und der von ihr dominierten Presse
bzw. Musikkritik ausgesetzt seien.[111] All dies erinnert stark an klassische
Mutmaßungen einer „jüdischen Weltverschwörung".[112]

Die neue Fassung von *Das Judentum in der Musik* führte dazu, dass sich
in der publizistischen Öffentlichkeit Kritik regte, die einen erstaunlichen
Grad an Vehemenz und Polemik erreichte. So resümierte etwa der
Schriftsteller Gustav Freytag in einer Rezension der Schrift Wagners
kurz und knapp: „Im Sinne seiner Broschüre erscheint er selbst als der
größte Jude."[113] Nachgerade verdichtet werden die zahlreichen bissigen
Repliken in Moses Gutmanns ebenfalls 1869 in Dresden veröffentlichter
Schrift *Richard Wagner, der Judenfresser. Entgegnung auf Wagner's*

---

[111] Vgl. hierzu Gutmann 1869, 4: Wagner soll Gutmann zufolge „in selbstver-
liebter Eitelkeit" angenommen haben, „dass Alles, was von ihm herrührt,
nicht umhin kann, in der ganzen zivilisierten Welt einen Sturm hervorzuru-
fen. Der Schiffbruch, den die Zukunftsmusik hie und da erlitten hat, kommt
auf Rechnung eines solchen Sturmes, den das ‚Judentum in der Musik'
hervorgerufen haben soll und der schließlich nur in des Komponisten Kopf
gewütet haben mag – denn alle Welt bekennt, von dem Aufsatze (in der
Fassung von 1850; A. S.) bis heute nichts gewusst zu haben."

[112] Vgl. hierzu Hinrichsen 2001, 84 (Hervorhebung im Original):
Es ist [...] wohl kaum übertrieben, die Absicht zur Wiederauflage des
Judentum-Textes als die Verzweiflungstat eines zum zweiten Mal seiner
praktischen Wirkungs- und Äußerungsmittel Beraubten zu deuten, der
sich nach seinem erzwungenen Rückzug aus München in fast derselben
Situation befindet wie fast 20 Jahre zuvor nach der Flucht aus Dresden.
Der also der Möglichkeit, die Substanz seines Werkes in angemessener
Form zur Erscheinung zu bringen, nur noch geringe bis gar keine Chancen mehr einräumt, und zwar – das ist der entscheidende Punkt – durch
die Auslieferung seines Œuvres an eine Interpretationskultur, die er pa-
ranoiderweise als grundlegend ‚jüdisch' beeinflusst empfindet."

[113] Zitiert nach Gubser 1998, 263.

Schrift „Das Judent[h]um in der Musik". Gleich zu Beginn seiner immer wieder ausdrücklich gegen Wagners Konzept der „Zukunftsmusik" und dessen Bestimmung als „famoser Zukunftsmusiker"[114] gerichteten Philippika konstatiert Gutmann:

> Richard Wagner bombardiert in jüngster Zeit die unglückliche Leserwelt recht eifrig mit Flugschriften, in denen er seine ewigen Klagen, dass der öffentliche Kunstgeschmack ein nichtiger sei, und dass man ihn nicht genug belobe, immer von Neuem aufs Tapet bringt. Eingenommen von der fixen Idee, dass ihm die unumschränkte Herrschaft im Bereiche seiner Kunst gebühre, scheut sich der nur nach Lorbe[e]ren und Weihrauch lüsterne Zukunftsmusiker nicht, die lächerlichsten und ungereimtesten Bemerkungen zu Tage zu fördern, ohne irgendwelche Ehrfurcht vor dem gesunden Menschenverstand. Schöne Phrasen sollen dabei seinem leeren Gewäsche ein gewisses Ansehen bei der großen Menge verschaffen; um sich aber den Erfolg bei einer bestimmten Klasse von Lesern zu sichern, hat er ein anderes Mittel, und er bringt dies in seiner jüngsten Broschüre: „Das Judentum in der Musik" zur Anwendung. Indem er dabei in die obskuren Kreise der Jugendfresser (sic) hinabsteigt, wird er völlig unzulänglich und unerquicklich.[115]
>
> [...] Die Judenfeinde werden sich freuen, endlich wieder einmal einen so „erhabenen" Mann als Mitstreiter zu begrüßen. – Wir aber müssen es aufrichtig bedauern, dass der Komponist des „Rienzi" dazu kommen konnte, eine so lächerliche Rolle zu spielen. In der Tat du sublime au ridicule il n'y a qu'un seul pas.[116]

Wagner nimmt die erste Fassung seines Artikels *Das Judentum in der Musik* aus dem Jahre 1850 und dessen Rezeptionsgeschichte zum Anlass, um sich als Opfer der „Musikjuden" darzustellen. Auch gewisse Schwierigkeiten beim Versuch, seine Werke zur Aufführung zu bringen, führt Wagner auf die jüdische Dominanz im Theaterbetrieb und in der Presse zurück: „Der Erfolg hiervon ist also: immer entschiedener durchgesetzte Verhinderung jeder Unternehmung, welche meinen Arbeiten und meinem Wirken einen Einfluss auf unsre theatralischen und musikalischen Kunstzustände verschaffen könnte."[117] Seinen Essay von 1850

---

[114] Vgl. Gutmann 1869, 5 u. 11.

[115] Ebd. 3.

[116] Ebd.

[117] Wagner, *Das Judentum in der Musik* [1869], 1 f., 23–41, 28–31, 35, 38 u. 40.

versah Wagner mit einer kurzen Einleitung und einem langen Nachwort, sodass die Schrift nach nahezu zwanzig Jahren erneut und in einer stark erweiterten Form der Öffentlichkeit zugänglich gemacht wurde. Man kann demnach davon ausgehen, dass der Aufsatz Wagners tiefste Überzeugungen offenbart und die Neuauflage des Essays im Jahre 1869 weder Rückzugsgefechte implizierte noch Gelegenheitscharakter trug, sondern Wagners zwanzig Jahre zuvor niedergeschriebene Sichtweise bekräftigte und weiterentwickelte.[118]

Im Grunde perpetuierte Wagner in *Das Judentum in der Musik* jene Tradition antisemitischen Schrifttums, das bereits die erste Hälfte des 19. Jahrhunderts geprägt hatte. In diesem Sinne betrat der Komponist mit seinem Essay kein Neuland. Und auch die Übertragung des die jüdische Emanzipation in Europa begleitenden Frühantisemitismus (1800–1850) auf das Gebiet der Musik bzw. des Musiklebens war nicht Wagners eigene Erfindung.[119] Zur Emanzipation der Juden äußert sich Wagner folgendermaßen:

> Anders verhält es sich da, wo die Politik zur Frage der Gesellschaft wird: hier hat uns die Sonderstellung der Juden unter anderen Staatsangehörigen seit ebenso lange als Aufforderung zu menschlicher Gerechtigkeitsübung gegolten, als in uns selbst der Drang nach sozialer Befreiung zu deutlicherem Bewusstsein erwachte. Als wir für Emanzipation der Juden stritten, waren wir aber doch eigentlich mehr Kämpfer für ein abstraktes Prinzip als für den konkreten Fall: wie all unser Liberalismus ein luxuriöses Geistesspiel war, in dem wir für die Freiheit des Volkes disputierten ohne Kenntnis dieses Volkes, ja mit Abneigung gegen jede wirkliche Berührung mit ihm, so ent-

---

[118] Ausführlich hierzu: Fischer 2000a u. 2000b. Fischer (2000a, 42) sieht in dieser Fassung von 1869 den „eigentliche[n] ‚Sündenfall' Wagners […], und zwar sowohl in der Tatsache der Neupublikation selbst, wie auch in den neuen Akzenten, die der Anhang enthält" Weit davon entfernt, seine Fehleinschätzungen von 1850 zu erkennen und einzugestehen, verschärft Wagner sie durch den Vorspruch und das Nachwort. Fischer (ebd. 47) betrachtet die Neupublikation als „den Schritt von der momentanen Aufwallung des Judenhasses zur antisemitischen Verdichtung aller seiner Verschwörungstheorien und Verfolgungsphantasien […] Der Schritt vom aktualisierbaren antijüdischen Vorurteil zum antisemitischen Syndrom wird mit der Broschüre von 1869 getan, ein Schritt, der sich wiederum über Jahre hinweg vorbereitet hatte."

[119] Vgl. Fischer 2000a, 37–40 u. Kneif 1975, 119–121.

sprang auch unser Eifer für die Gleichberechtigung der Juden viel mehr aus der Anregung des bloßen Gedankens als aus realer Sympathie; denn bei allem Reden und Schreiben für Judenemanzipation fühlten wir uns, bei wirklicher, tätiger Berührung mit Juden, von diesen unwillkürlich stets abgestoßen.[120] [...]

Der Jude ist, nach dem gegenwärtigen Stande der Weltdinge, wirklich bereits mehr als emanzipiert: *er herrscht* und wird so lange herrschen als das Geld die Macht bleibt, vor der all unser Tun und Treiben seine Kraft verliert. Dass das geschichtliche Elend der Juden und die räuberische Rohheit der römisch-christlichen Germanen den Söhnen Israels diese Macht selbst in die Hände geführt haben, braucht hier nicht erst erörtert zu werden [...].[121]

Indes unterscheidet sich Wagners Schrift in einem entscheidenden Punkt von den übrigen zeitgenössischen antisemitischen Abhandlungen: Denn Wagner bedient sich in *Das Judentum in der Musik* nicht nur nahezu aller gängigen antisemitischen Klischees, sondern stellt auch seine unwillkürliche, reflexartige, ja „instinktmäßige Abneigung" gegenüber den Juden explizit heraus:

Hier treffen wir denn auf den Punkt, der unserem besonderen Vorhaben uns näherbringt: wir haben uns das *unwillkürlich Abstoßende*, welches die Persönlichkeit und das Wesen der Juden für uns hat, *zu erklären*, um diese instinktmäßige Abneigung zu rechtfertigen, von der wir doch deutlich erkennen, dass sie stärker und überwiegender ist, als unser *bewusster* Eifer, uns dieser Abneigung zu entledigen.

Noch jetzt belügen wir uns in diesem Bezuge nur absichtlich, wenn wir es für unsittlich und verpönt erklären, unsren natürlichen Widerwillen gegen jüdisches Wesen öffentlich kundzugeben: erst in neuester Zeit scheinen wir zu der Einsicht zu gelangen, dass es vernünftiger sei, von dem Zwange jener Lüge uns frei zu machen, um dafür ganz nüchtern den Gegenstand unsrer gewaltsamen Sympathie zu betrachten und unseren, trotz aller liberalen Utopien, bestehenden Widerwillen gegen ihn, uns zum Verständnis zu bringen.[122]

---

[120] Wagner, *Das Judentum in der Musik* [1850], 54.

[121] Ebd. 55 (Hervorhebung im Original).

[122] Wagner, *Das Judentum in der Musik* [1850], 54 f. (Hervorhebungen im Original).

In diesem Essay entlud sich buchstäblich Wagners antijüdischer Affekt, der sich spätestens seit seinem ersten Aufenthalt in Paris (1839–42) aufgestaut hatte. Gleichzeitig wendet sich Wagner in seinem Essay gegen das ästhetische System des Pariser Musiktheaters, die „empörende Nichtswürdigkeit des Pariser Operntreibens"[123], die „Herrschaft des reichen und intriguanten Meierbeer's (sic)"[124] sowie, so Wagner, „die banquier-musikhurerei[125], von der sich jeder anständige in Paris selbst abwendet".[126]

---

[123] Aus Wagners Brief vom 19. November 1849 an Ferdinand Heine. Der ganze Passus lautet: „Erlass es mir, Dir hier umständlicher über die empörende Nichtswürdigkeit des Pariser Kunsttreibens, namentlich auch was die Oper betrifft, mich auszulassen. In den letzten Jahrzehnten sind unter Meyerbeers Geldeinflusse die Pariser Opernkunstangelegenheiten so stinkend scheußlich geworden, dass sich ein ehrlicher Mensch nicht mit ihnen abgeben kann" (Wagner, *Briefe*, III, 146 f.).

[124] Wagner, *Briefe*, III, 171 (aus Wagners Brief vom 1. Dezember 1849 an Klara Wolfram; die ursprüngliche Orthographie der Briefstelle wurde beibehalten).

[125] Vgl. hierzu auch Anmerkung 98.

[126] Wagner, *Briefe*, III, 408 (aus Wagners Brief vom 14. September 1850 an Ferdinand Heine; das Zitat folgt der Originalorthographie). An dieser Stelle sei auf Cosima Wagners Tagebucheintrag vom 25. Februar 1871 verwiesen (Wagner, Cosima: *Die Tagebücher*, I, 363. In: Wagner, *Werke, Schriften und Briefe*, 34344). Dort heißt es:

Dritter Brief der Londoner Ausstellungs-Kommission, sie entschließen sich, den Tannhäuser-Marsch aufzuführen, und bitten um R[ichard].'s Direktion, wofür sie ihm 20 Pf. anbieten! R[ichard]. empört, sagt: ‚Das hätten auch die Juden auf dem Gewissen, dass man alles so schlecht bezahle; sie wären darauf angewiesen, nach außen Lärm und Aufsehen zu machen, und tun so etwas wie diese Direktion für nichts, nur aus Sucht, daran zu kommen und sich bemerklich zu machen. So kann man immer Mendelssohn, Meyerbeer, womöglich Hiller anführen, die für nichts ihren Namen hergaben. Haydn, Jommelli dagegen ließen sich gut bezahlen.'

Niccolò Jommelli (1714–1774) war ein italienischer Komponist, der Opern, Oratorien und Messen schrieb und in seinen Werken nach einer Vertiefung des Ausdrucks strebte.

Paris war für Wagner – wie für viele andere Komponisten wie etwa Giuseppe Verdi, Luigi Cherubini, Gaspare Spontini, Gioacchino Rossini, Gaetano Donizetti oder eben Meyerbeer – jener Ort, an dem Erfolg zu haben bedeutete, als Komponist einen unbestritten führenden Rang in der europäischen Musikwelt einzunehmen. Wer für die renommierte Pariser Oper schreiben durfte, genoss nicht nur höchste künstlerische und finanzielle Anerkennung, sondern profitierte auch von ausgezeichneten Aufführungsbedingungen.[127]

Wie aber lassen sich gerade Meyerbeers außerordentliche Erfolge an und weit jenseits der Pariser Oper erklären? Bediente er gezielt und virtuos bestimmte Präferenzen des zeitgenössischen Publikums? Fest steht, dass das Medium der Oper im 19. Jahrhundert eine eminente Rolle bei der Schaffung ebenso wie bei der Verbreitung von Geschichts- und Mythenbildern spielte , und dies galt selbstverständlich nicht nur für Wagner. In diesem Sinne stellte die Oper sozusagen über die musikalische Repräsentation und Rekreation eine Form des politischen Diskurses mit kulturellen Mitteln dar. Viele Opernsujets waren nicht nur von Geschichten, sondern auch von auf die Bühne gebrachter Geschichte geprägt. Als gesellschaftlicher Ausdruck der Produktion von Geschichtsbildern avancierte die Oper selber zu einem historischen Raum. Da die Inszenierung von Geschichts- und Weltbildern in der Oper niemals allein von der Musik abhing, sondern sozial vorgeprägt war, ist das Spannungsfeld zwischen der Aufführung, dem Erwartungshorizont des Publikums und seinen Reaktionen stets mitzudenken. Auf diese Weise nahm die Oper, wie Theodor W. Adorno feststellte, die Funktion des Kinos vorweg und damit des mächtigsten Mediums für die Konstruktion von Geschichtsbildern im 20. Jahrhundert.[128]

---

[127] Ausführlich hierzu: Gerhard 1992.

[128] Dass die Oper des 19. Jahrhunderts eine Art Vorreiterrolle für das Kino spielte, der Film mithin das Erbe der Oper antrat, ist in der Forschung ausführlich diskutiert worden. Dabei wurde wiederholt auf technische Neuerungen wie Wagners Bühnenprospekt während der Verwandlungsmusiken in der *Parsifal*-Uraufführung von 1882, aber auch auf den Vorbildcharakter von Opernsängern für die Stummfilmästhetik verwiesen. Ohnehin erinnert das Bayreuther Festspielhaus mit dem vom Zuschauerraum aus nicht sichtbaren Orchester an ein frühneuzeitliches Kino. Ferner lässt sich eine argumentative Brücke von der These, dass das Musiktheater den idealen Ort darstelle, um die Ordnung und die historischen Ordnungsvorstellungen europäischer Gesellschaften zu analysieren, zur Funktion der nationalen Kinotraditionen im 20. Jahrhundert schlagen. Indes sind auch die Grenzen

Als diesbezüglich wohl wirkungsmächtigste repräsentative Kunstform war die National- und Historienoper in der Lage, mit ihrem ausgreifenden Aufgebot an Massenszenen sowie orchestralen und technischen Mitteln die Vergangenheit rezeptionslenkend zu vergegenwärtigen, mithin die herrschende gesellschaftspolitische Ordnung widerzuspiegeln und dadurch entweder (neu) zu legitimieren oder kritisch zu hinterfragen.[129]

Das Primat des Visuellen, insbesondere der Visualisierung von Geschichte, lässt sich beispielhaft anhand der *Grand Opéra* zeigen. So verblüffte etwa die Uraufführung von Jacques Fromental Halévys *La Juive* 1835 das Pariser und später auch das europäische Publikum weniger durch die Qualität der Komposition und Handlung als durch die aufwendige Inszenierung. So äußerte sich Franz Grillparzer 1836 über das Stück, das während des Konzils von Konstanz um 1414 spielt: „Das Ganze ohne Interesse. Aber welche äußere Ausstattung! Die Dekorationen Wirklichkeiten, oder nein: Bilder."[130] Mit den damals modernsten technischen Mitteln wurden in der Historienoper vergangene Zeiten, dramatische Ereignisse und die Schicksale großer Persönlichkeiten reaktualisiert und einem staunenden Publikum vorgeführt. Gerade als Folge der Rezeption von Walter Scotts historischen Romanen[131] hatten seit etwa 1815, zeitlich demnach umrahmt von der Restaurationsepoche, Stoffe aus der näheren wie fernerer Vergangenheit auf den Pariser Bühnen Hochkonjunktur. Dies galt im Speziellen für das Musiktheater mit seinen verschiedenen Gattungen Ballett, *opéra-comique* und große Oper. Halévys Werk markierte den Beginn der großen historischen Oper in Frankreich, deren Ursprünge sich bis in die Zeit des Empire zurückverfolgen lassen (verwiesen sei etwa auf Gaspare Spontinis *Fernand Cortez*, 1809), deren Blüte von 1830 bis 1860 währte und deren unbestrittene Schlüsselfigur eben Meyerbeer war. Seine drei Hauptwerke *Robert le diable* (1831), *Les Huguenots* (1836) und *Le Prophète* (1849) gehörten primär aus zwei Gründen zum Kernbestand der *Grand Opéra*: Zum einen erfüllten diese drei Opern geradezu beispielhaft den Anspruch auf visuelle

---

dieser Parallelisierung zu beachten, zumal der kontinuierlich-logische Raum der Oper im Film aufgebrochen wird und auch die für die Oper charakteristische Interaktion zwischen Bühne und Publikum wegfällt (Grampp 2006).

[129] Vgl. Grampp 2006; Müller 2007.

[130] Grillparzer 2012, 37.

[131] Ausführlich zur Bürgerkriegsliteratur und zum historischen Roman: Lützeler 1988.

Opulenz, indem die Dynamik historischer Prozesse mit Hilfe multimedialer Mittel (Musik, Dekoration, Raumdisposition) entfaltet wurde. Zum anderen rezipierte das Publikum die Werke als Geschichtsmetaphern. So verweist das Nonnenballett aus *Robert le diable* an die Säkularisation von 1803, als Kirchengüter infolge des Reichsdeputationshauptschlusses aufgelöst wurden. Auf diese Weise sollten weltliche, depossedierte Fürsten, die während der Revolutionskriege ihren Besitz verloren hatten, entschädigt werden. Die Anspielung an die Bartholomäusnacht in den *Huguenots* wiederum weckte bei den Zuschauern die nach wie vor lebendige Erinnerung an den Terror der Französischen Revolution. Und *Le Prophète*, der das Münsteraner Reich der Wiedertäufer von 1534/35 thematisiert, schürte die Angst vor einer Erhebung der Arbeiterklasse 1849.[132] Bei allen drei von Meyerbeer mit großem Erfolg entworfenen Geschichtsbildern fällt die zutiefst negative Konnotation auf, die einen für die Julimonarchie des „Bürgerkönigs" („Roi Citoyen") Louis-Philip-

---

[132] Welche internationale Strahlkraft Meyerbeers *Le Prophète* hatte, lässt sich anhand der Moskauer Puschkin-Feierlichkeiten im Sommer 1880 zeigen, deren Höhepunkt die Einweihung des Puschkin-Denkmals auf dem Tverskoj Boulevard in Moskau darstellte. Mit Blick auf Fjodor Dostojewskis in diesem Zusammenhang gehaltene berühmte „Puschkin-Rede", in der Dostojewski den russischen Dichterfürsten Alexander Puschkin zum *poeta vates*, zum Dichter als inspiriertem Seher und zum „Propheten" Russlands, ja der gesamten Menschheit erhob, hält Guski fest (2012, 47):

> Das Bedürfnis nach nationalen Propheten war dem allgemeinen, besonders von Thomas Carlyle angestachelten Hunger des 19. Jahrhunderts nach vaterländischen Heroen geschuldet. So schreiten am 7. Juni (1880; A. S.) nach der Enthüllung des Puškin-Denkmals (sic) die Festdelegationen zu den Klängen eines Marsches aus Meyerbeers Oper *Le prophète* (sic) (1849) über den Festplatz [...].

Thomas Carlyle (1795–1881) war ein im Viktorianischen Zeitalter Großbritanniens wie auch über nationale Grenzen weit hinaus wirkungsmächtiger schottischer Historiker, Schriftsteller und Essayist. 1841 erschien seine in der Folge nachhaltig rezipierte Schrift *On Heroes, Hero-worship, and the Heroic in History* (dt. *Über Helden, Heldenverehrung und das Heldentum in der Geschichte*). Darin geht Carlyle der Herausbildung und Entwicklung von Helden-Bildern nach, indem er den Bogen von den heidnischen Mythen, in denen Helden als Götter verehrten werden, bis zu jenen Zusammenhängen spannt, die Helden als Propheten, Dichter, Literaten, Priester, Könige oder – abermals – als Heilige erscheinen lassen.

pe I. charakteristischen Geschichtspessimismus offenbart. Dieser suggerierte, dass die gesellschaftliche Ordnung nur dann erhalten bliebe, wenn man diesen in Szene gebrachten Beispielen eben *nicht* folgte und sich *nicht* gegen die herrschenden Strukturen (vor allem in Frankreich) auflehnte. Im Paris des Zweiten Kaiserreiches („Second Empire"; 1852–1870) kam dieses Paradigma der großen historischen Oper allmählich aus der Mode, wohingegen es in vielen anderen europäischen Kulturräumen – mit Ausnahme Italiens – noch bis in die letzten Jahrzehnte des 19. Jahrhunderts hinein das unangefochtene Modell für die meist affirmative Inszenierung nationaler Geschichte war. Folglich stellten kosmopolitische ebenso wie nationalistische Tendenzen jenes Spannungsverhältnis dar, in dem die *Grand Opéra* und ihre Geschichtsbilder standen.[133]

Die Pariser Oper verfügte über eines der besten europäischen Orchester, sie stellte außerordentlich moderne technische Bedingungen für Bühne und Bühnenausstattung bereit, und das Ballett ebenso wie die Sängerinnen, Sänger und Dirigenten waren überragend. Dieses seinerzeit führende Opernhaus Europas bot demzufolge gerade für große Werke erstklassige künstlerische und technische Realisierungsmöglichkeiten. Zudem war das Publikum, überwiegend die Pariser Hautevolee, kenntnisreich und kritisch, das, einmal für ein Werk gewonnen, dessen Erfolg über Jahre hinweg verbürgen konnte. Insofern überrascht es nicht, dass Wagner seine in Paris erfolgreichen Konkurrenten – und unter ihnen vor allem Meyerbeer als künstlerisch etablierten Millionär großbürgerlicher

---

[133] Vgl. Bermbach 2005, 29–32; Gerhard 2007; Grampp 2006. In diesem Zusammenhang sei auf Gustav Mahlers Inszenierungsarbeit von Meyerbeers *Huguenots* verwiesen. Mahler ließ die Oper Ende 1889 in Budapest ohne den fünften und damit letzten Akt aufführen. Seinen Entscheid begründete er zum einen mit dem Hinweis auf die außerordentliche Länge der Oper, die normalerweise etwa sechs Stunden dauert. Zum anderen bewegten ihn künstlerische Gründe zu dieser Raffung, die vor allem die Schlussszene, einen Straßenkampf, betraf. Mahler erklärte nämlich, dass fast alle Opern, die in der Zeit vor Wagner entstanden waren, ein „willkürliches Durcheinander" von Musikstücken darstellten, die durch die Fabel lose miteinander verbunden waren. Und an diesem Mangel litten seiner Ansicht nach gerade Meyerbeers *Huguenots* (Floros 2010, 22; zitiert nach ebd.). Interessanterweise stand Mahlers Bedenkenlosigkeit, mit der er sich bisweilen weitreichende Eingriffe in die Werke andere Komponisten gestattete, in diametralem Gegensatz zur Akribie, die er in Sachen Notentreue und szenische Befolgung der Partiturangaben einforderte.

Abstammung – neidisch im Blick hatte und der sogenannte Pariser „*Tannhäuser*-Skandal von 1861[134] noch lange nachwirkte.

Zur *conditio humana* gehört zweifellos, dass Menschen Rückkoppelungen brauchen, um sich im sozialen Feld zu verorten und, folgt man Pierre Bourdieus kultursoziologischen Überlegungen, sich über ihr „symbolisches", „künstlerisches" und „ökonomisches" „Kapital" bewusst werden zu können.[135] Das Feld des Musiktheaters erschien Wagner als eine von wirtschaftlichen Erwägungen, scharfer Konkurrenz, ja buchstäblich von „Händler[n] im Tempel der Kunst"[136] beherrschte Kampfzone. Und ausgerechnet die diesbezüglich modellhafte Pariser Oper mit all ihren künstlerischen Entfaltungsmöglichkeiten, fest etablierten Publikumslieb-

---

[134] Vgl. hierzu Seljak 2012a, 44 f.

[135] Vgl. Bourdieu 1992, 49–70. Vgl. hierzu auch Seljak 2010, 232–235: Bourdieus Theorie kennt grundsätzlich drei Sorten von „Kapital": das „ökonomische" (Geld, Produktionsmittel, Grundbesitz etc.), das „kulturelle" (verinnerlichte Dispositionen und Fertigkeiten einer Person, Bildungsqualifikationen, Titel und Adelsprädikate, aber auch juristisches Eigentum wie Bilder, Bücher, Lexika, Instrumente etc.) und das „symbolische" (Popularität, Anerkennung, Vernetzung, Prestige oder Renommee einer Person). Aus dem ursprünglich rein wirtschaftlichen Kontext herausgelöst und zugleich analog zu ökonomischen Investitionen auf alltägliche Kategorien des Austauschs bezogen, wird bei Bourdieu „Kapital" in den verschiedenen Erscheinungsformen und gegenseitigen Interaktionen untersucht (etwa die Konvertierbarkeit von ökonomischem in kulturelles Kapital oder das Schwundrisiko des symbolischen Kapitals). Bourdieu zufolge sind alle Handlungen insofern als „ökonomisch" zu betrachten, als sie auf die Maximierung materiellen oder symbolischen Gewinns zielen. Dies gilt notabene auch für jene Handlungen, die scheinbar interesselos und zweckfrei sind (vgl. hierzu auch die Theorie der „Ökonomie der Gabe", die der französische Ethnologe und Soziologe Marcel Mauss in seinem 1923/24 erschienenen *Essai sur le don. Forme et raison de l'échange dans les sociétés archaïques* beschreibt).

Der „Wert" dieser Kapitalsorten kann entsprechend der Position etwa eines Schriftstellers im sozialen Feld schwanken: Während sich beispielsweise ein Autor trivialliterarischer Bestseller mit Blick auf das ökonomische Kapital meistens in einer besseren Situation befindet als der hochavantgardistische Künstler, dessen Werke kein Publikum und damit keine Käufer findet, ist die Verteilung des symbolischen Kapitals, d. h. des Ansehens als Künstlers, oft genau umgekehrt verteilt.

[136] Bourdieu 2001, 343.

lingen, finanziellen Perspektiven, unzähligen Fallstricken und weit über die Institution hinaus wirkenden Epiphänomenen geriet für Wagner zum Fanal – symbolisch, künstlerisch und auch ökonomisch. Dass Wagner Paris damals den Rücken kehrte, war nur konsequent und durchaus nachvollziehbar. Allerdings hatte dieser Rückzug bei Wagner, wie alleine schon die beiden Fassungen seiner Schrift *Das Judentum in der Musik* offenbaren, die Verstärkung bestehender Projektionen ebenso wie die Herausbildung neuer Vorurteile zur Folge. Der Aktualität und weiterhin ungebrochenen Popularität des meyerbeerschen Œuvres in Paris taten Wagners antisemitische Diatriben keinen Abbruch:

> Es ist bekannt, dass dieser (Wagner; A. S.) mit seiner Musik nicht überall den Beifall fand, den er sich versprochen hatte; ja in Paris machte er sogar glänzend Fiasko. Wir vermögen nicht zu erörtern, worin dies seinen Grund hatte. Vielleicht, weil das Trommelfell der Franzosen nicht so stark war wie das der Deutschen, die ja überhaupt ein dickeres Fell haben als jene; vielleicht waren französische Nerven einer so starken Beanspruchung wie durch die lärmende Zukunftsmusik nicht gewachsen; vielleicht war an dem Unglücke Wagners der außerordentliche Enthusiasmus Schuld, mit dem man die Meyerbeer'sche Musik aufnahm; kurz – der „Tannhäuser fiel durch „mit Pauken und Trompeten". […]
> Jedenfalls wird man sich vor der Hand noch längere Zeit durch die „Hugenotten" und „Robert" – „täuschen" lassen und an den „Trivialitäten" Mendelssohns ergötzen. Unser famoser Zukunftsmusiker wird sich mit seiner unzeitigen Entdeckung auf die Zukunft vertrösten müssen."[137]

Gutmanns Vorwurf, Wagner habe doch tatsächlich die Stirn gehabt, mit seiner Zukunftsmusik französische Trommelfelle zu malträtieren, blieb nicht unbeantwortet. Allerdings erfolgte eine Replik, die Gutmann kaum vernommen haben dürfte, an ganz anderer Stelle und, durchaus als Skandalon gedacht, gänzlich losgekoppelt von Gutmanns Anwürfen. Denn wie Wagner hielt auch Hector Berlioz den bewussten Einsatz von Verfremdungstechniken, ja das Niederreißen etablierter Hörgewohnheiten als unumgängliche Voraussetzung für eine angemessene Annäherung an die „Zukunftsmusik". So heißt es in Berlioz' Rückblende auf die Wagner-Konzerte 1860 in Paris:

---

[137] Gutmann 1869, 4 f.

Man muss das Ohr, dieses lumpige Ding, verachten, ihm Gewalt antun, um es zu knechten: die Musik hat keineswegs die Aufgabe, ihm wohlgefällig zu sein. Es muss sich an Alles gewöhnen, an Reihen von aufsteigenden und absteigenden verminderten Septimenakkorden, die einem Knäuel von Schlangen gleichen, welche zischend sich in einander ringeln und verbeißen; an unvorbereitete und unaufgelöste dreifache Dissonanzen; an Mittelstimmen, welche man zwingt, zusammen zu gehen, obgieich (sic) sie weder harmonisch noch rhythmisch zusammen passen, und sich gegenseitig im Wege sind; an widrige Modulationen, welche in dem einen Winkel des Orchesters eine Tonart einführen, während in dem andern die vorhergehende noch nicht beendigt ist.[138]

---

[138] Zitiert nach Berlioz 1864, 357. Berlioz' These wird in einschlägigen Primär- und Sekundärquellen sehr unterschiedlich wiedergegeben. Während im vorliegenden Fall eine frühe Übersetzung seiner gesammelten Schriften aus dem Jahre 1864 herangezogen wurde, ist etwa bei Voss (1982, 370) eine sprachlich markant abweichende Version zu finden:

Man muss das lumpige Ohr verachten, durch brutale Behandlung zähmen; die Musik ist nicht dazu da, um ihm gefällig zu sein. Es muss sich an alles gewöhnen; an aufsteigende und absteigende Folgen von verminderten Septimenakkorden, vergleichbar einer Schar von Schlangen, welche sich winden und mit Zischen gegenseitig zerreißen; an unvorbereitete und unaufgelöste dreifache Dissonanzen; an Mittelstimmen, welche man zusammenzwingt, ohne dass sie in Harmonie und Rhythmus zueinander passen, so dass sie sich gegenseitig zerfleischen; an gräuliche Modulationen, welche eine Tonart in eine Ecke des Orchesters einführen, ehe noch die vorhergehende Tonart aus der anderen Ecke verschwunden ist.

Es erscheint geradezu als Ironie des Schicksals, dass ausgerechnet Meyerbeer Wagner 1839 dabei unterstützt hatte, in Frankreich beruflich Fuß zu fassen, wofür Wagner ihm seinerzeit auch sehr verbunden war (sich später allerdings jeglicher Dankesschuld entband).[139] So erinnert sich Wagner in seinem an Theodor Apel aus Paris gerichteten Brief vom 20. September 1840:

> Schon war unsre Barschaft so geschmolzen, dass ich fast für unmöglich hielt, uns nur ein paar Wochen in Paris halten zu können. Da führt mir mein wunderliches Schicksal in BOULOGNE *Meyerbeer* entgegen; ich mache ihn mit mir u. meinen Kompositionen bekannt, er wird mein Freund u. Protektor. Nun wusste ich, dass nur durch eine Protektion, wie die *Meyerbeers,* meine Angelegenheiten in Paris

---

[139] Vgl. Bermbach 2005, 127; Fischer 1998; Pauls 1996, 207 f.; zitiert nach Zelinsky 2000, 316. Zu Wagners Antisemitismus vor 1850 vgl. Fischer 2000a, 40–42.

Eine bedenkenswerte psychologische Implikation bietet sich im Zusammenhang mit Marcel Mauss' Diktum an: „Geben heißt, seine Überlegenheit beweisen, zeigen, dass man mehr ist und höher steht, *magister* ist." (*Essai sur le don. Forme et raison de l'échange dans les sociétés archaïques*; zitiert nach Mauss 2010, II, 133; Hervorhebung im Original).

Kontextualisiert man nun die mausssche Gabe-Theorie mit dem damaligen Verhältnis zwischen Wagner und Meyerbeer, könnte sich Wagner als ‚Bittsteller' gegenüber dem ‚Almosengeber' Meyerbeer in eine inferiore Stellung gerückt gefühlt haben (vgl. auch Anmerkung 135). Dieser Denkfigur zufolge hätte Wagners wirtschaftliche Notlage um 1840, als er u. a. von Heine und eben Meyerbeer (auch) finanziell unterstützt wurde, aufgrund einer als höchst problematisch empfundenen Selbst- ebenso wie Fremderniedrigung, zu seiner antijüdischen Haltung beigetragen (siehe Seite 24). Vgl. hierzu auch Wagner, Cosima: *Die Tagebücher*, I, 1122. In: Wagner, *Werke, Schriften und Briefe*, 37370; Anmerkungen zum Tagebucheintrag vom 1. Januar 1869:

> […] RWs (Richard Wagners; A. S.) Antisemitismus geht frühestens zurück auf seine Pariser Elendszeit 1840–42 und das Ressentiment gegen Mendelssohn und Meyerbeer, dann auf ein wachsendes Gefühl weltweiter ‚Verschwörung' gegen sein Werk (Journalisten, Theaterdirektoren), schließlich nahm es in der Zeit der Tagebücher (Cosima Wagners; A. S.) 1869–83 Züge eines Rassenvorurteils an, ungeachtet zahlreicher Förderer, die jüdischen Glaubens waren, und obwohl RW Heinrich Heine starke Eindrücke verdankte und unter seinen Mitarbeitern und Freunden zahlreiche Juden waren (Tausig, Porges, Levi, Josef Rubinstein, Angelo Neumann u. a.); […].

beschleunigt werden könnten; ich fasste Mut u. beschloss es zu wagen. Was mir nun hier in Paris begegnet ist, oh, welch' ein Gemisch von Hoffnungen u. Niederschlagungen ist dies! Meyerbeer ist unermüdlich meinem Interesse treu geblieben, – leider aber haben ihn Familien-Verhältnisse gezwungen, die meiste Zeit im Auslande zuzubringen; u. da hier nur *persönlicher* Einfluss nützen kann, so konnte dieser Umstand nicht verfehlen, den lähmendsten Einfluss auf meine Angelegenheiten hervorzubringen. – Was mich aufrechterhält, sind (sic) immer nur neue Hoffnung, im Übrigen kann sich jeder wohl leicht denken, dass meine Lage mit einer Frau u. ohne einen Heller Verdienst – die fürchterlichste von der Welt sein muss. Mehr als einmal habe ich mir den Tod gewünscht; wenigstens bin ich gänzlich gleichgültig gegen ihn geworden.[140]

Ähnlich lautet der Tenor in Wagners autobiographischen Skizzen, die, im Gegensatz etwa zu seinen Briefen, nicht unmittelbar an ein Gegenüber gerichtet waren, sodass von einer (eingehenderen) Selbstreflexion *ex post* ausgegangen werden kann. Beide Quellen, der soeben zitierte Briefpassus wie auch der nachfolgende Abschnitt aus seinen Erinnerungen, bringen Wagners Verbundenheit mit Meyerbeer angesichts dessen Protektion zum Ausdruck:

In Boulogne *sur mer* blieb ich vier Wochen: dort machte ich die erste Bekanntschaft Meyerbeers, ich ließ ihn die beiden fertigen Akte meines „Rienzi" kennen lernen; er sagte mir auf das Freundlichste seine Unterstützung in Paris zu. Mit sehr wenig Geld, aber den besten Hoffnungen betrat ich nun Paris. Gänzlich ohne alle Empfehlungen war ich einzig nur auf Meyerbeer angewiesen; mit der ausgezeichnetsten Sorgsamkeit schien dieser für mich einzuleiten, was irgend meinen Zwecken dienlich sein konnte, und gewiss dünkte es mich, bald zu einem erwünschten Ziele zu kommen, hätte ich es nicht so unglücklich getroffen, dass gerade während der ganzen Zeit meines Pariser Aufenthaltes Meyerbeer meistens und fast immer von Paris entfernt war. Auch aus der Entfernung wollte er mir zwar nützlich sein, nach seinen eigenen Voraussagungen konnten briefliche Bemühungen aber da von keinem Erfolge sein, wo höchstens das unausgesetzteste persönliche Eingreifen von Wirkung werden kann.[141]

---

[140] Wagner, *Briefe*, I, 408 (Hervorhebungen im Original). Vgl. in diesem Zusammenhang auch Anmerkung 26.

[141] Aus: *Autobiographische Skizze. (Bis 1842)*. Wagner, *Werke, Schriften und Briefe*; *Sämtliche Schriften und Dichtungen*, I, 14 (Hervorhebung im Original).

Von Wagners aufrichtiger Dankbarkeit gegenüber Meyerbeer zeugen überdies seine 1837 und 1840 an ihn gerichteten Briefe, in denen er Meyerbeer mit „Verehrter Herr"[142], „Mein hochverehrter Herr"[143] „Mein innigverehrter Herr und Meister!"[144] oder „Mein innigst verehrter Herr und Protector!"[145] anredet. Meyerbeers Fürsprache war für Wagner seinerzeit von enormer Bedeutung, da er ohne diese Unterstützung bei seinem Versuch, in Paris Fuß zu fassen, einen schweren bzw. einen erheblich schwereren Stand gehabt hätte. Daran ändert auch der Umstand wenig, dass Meyerbeer nahezu inflationär Empfehlungsschreiben auszustellen pflegte, wodurch diese in Pariser Künstlerkreisen an Bedeutung zu verlieren drohten.

* * *

Der Neudruck von Wagners Schrift *Das Judentum in der Musik* als eigenständige Broschüre im Jahre 1869 war, wie oben bereits angedeutet wurde, nur scheinbar unmotiviert und zielfrei. Tatsächlich folgte Wagner seinem inzwischen weiterentwickelten Antisemitismus, und dies gerade während einer der an sich ruhigsten und erfolgreichsten Phasen der jüdischen Assimilation in Deutschland.[146]

Dabei ergibt sich ein Zusammenhang mit jenen Schriften, die Wagner zu jener Zeit im Umkreis des bayerischen Königs Ludwig II. veröffentlichte. Darin ging es um eine neue deutsche Kultur im Vorfeld der Reichsgründung sowie um die zunehmenden, von Wagner als unheilvoll empfundenen Bestrebungen, die Juden zu assimilieren. Denn in den Debatten, was Deutschland ‚sei' und wer zur Nation ‚gehöre' (die freilich nicht als ein Gebiet mit klar umrissenen Grenzen, sondern als Konzept von Bedeutung war), wurde von den Juden gefordert, sich derart radikal zu assimilieren, dass unter ihnen, wie es Johann Gottlieb Fichte formu-

---

[142] Wagner, *Briefe*, I, 323 (1837 geschrieben, ohne genauere Datumsangabe).

[143] Ebd. 392 (Brief vom 4. Juni 1840)

[144] Ebd. 378 (Brief vom 18. Januar 1840).

[145] Ebd. 380 (Brief vom 15. Februar 1840); das Zitat folgt der Originalorthographie.

[146] Vgl. Fischer 2000a, 44 f. Fischer zufolge (ebd. 47 f.) soll die Broschüre sogar Vorreiterfunktion für die sich um 1879 bemerkbar machende politisch-antisemitische Bewegung gehabt haben. Dieser stand Wagner zwar fern, jedoch nicht, weil er sich grundsätzlich vom Antisemitismus abgewandt hätte. Die Wirkung der Neupublikation übertraf denn auch zu seinem eigenen Erstaunen Wagners Erwartungen.

lierte, „auch nicht eine jüdische Idee" bliebe. Fichte spekulierte zudem bereits 1807 in dem zu seinen Lebzeiten unveröffentlichten Fragment *Die Republik der Deutschen, zu Anfang des zwei und zwanzigsten Jahrhunderts, unter ihrem fünften Reichsvogte* (sic), einer schonungslosen, bitter-sarkastischen und zornigen historischen Fiktion, über die Möglichkeit, nicht assimilierte Juden und Polen schlichtweg zu vertreiben. Damit war Fichte, aus dessen Sicht der Staat die Nationalbürger formte, einer der Ersten, wenn nicht gar der erste deutsche Intellektuelle, der im Zusammenhang des neuen Nationalismus an Vertreibungsmodelle dachte und auch konkret von Vertreibung sprach.[147]

Alle diese Einflüsse und Denkfiguren scheinen Wagners Verfolgungswahn befeuert zu haben: „Ich sagte gelegentlich zuletzt, die vonseiten der Juden mir widerfahrene Verfolgung habe bisher mir noch nicht das Publikum, welches überall mit Wärme mich aufnahm, entfremden können."[148] Das neue Nachwort der Fassung von 1869 verdeutlicht Wagners radikalisierte Ansichten: So erscheint eine „gewaltsame Auswerfung" der Juden als Option bzw. nicht mehr als unwahrscheinlich:

> Ob der Verfall unsrer Kultur durch eine gewaltsame Auswerfung des zersetzenden fremden Elementes aufgehalten werden könne, vermag ich nicht zu beurteilen, weil hierzu Kräfte gehören müssten, deren Vorhandensein mir unbekannt ist.[149]

Fichte, Friedrich Ludwig Jahn oder Otto von Bismarck beispielsweise, um keineswegs radikale Antisemiten zu nennen, betrachteten die Vertreibung der Juden ebenfalls als eine mögliche Lösung im Falle von Assimilationsverweigerung.

---

[147] Ausführlich hierzu: Walser Smith 2010, 122 f. (Zitat 123), 230 u. 244.

[148] Wagner, *Das Judentum in der Musik* [1869], 30.

[149] Wagner, *Das Judentum in der Musik* [1869], 41. In diesem Zusammenhang sei auf einen kurzen Vermerk vom 12. August 1881 in Cosima Wagners Tagebüchern verwiesen, in dem es heißt:

> – Ein Aufsatz über Demonstrationen gegen Juden bringt ihn (Richard Wagner; A. S.) zu der Äußerung: „Das ist das einzige, was sich tun lässt, die Kerle hinauswerfen und durchprügeln." Bei Gelegenheit der Auswanderung meinte er, im Drang der schlimmen Zeiten, die nicht ausbleiben würden, müsste man eine Kontribution von einer Milliarde erheben, mit dieser alles bestreiten, um dort dann die neue Gesellschaft [zu] gründen. Bis dahin aber geworben haben und die religiöse Basis dieser Gesellschaft festgesetzt haben. (Wagner, Cosima: *Die Tagebücher*, II, 778. In: Wagner, *Werke, Schriften und Briefe*, 40302 f).

Traditionell wird *Das Judentum in der Musik* in erster Linie als impulsiver Schlag Wagners gegen seinen großen Konkurrenten Meyerbeer, der im Aufsatz namentlich nicht genannt wird, aber auch gegen die, so Wagners Unterstellung, ökonomisch bedingte Dominanz des Musiklebens durch die Juden gedeutet.[150] Diesen spricht Wagner in einem großen argumentativen Bogen jegliche Befähigung zur Ausübung, insbesondere aber zur Schöpfung wahrer Kunst ab. Den seiner Ansicht nach erdrückenden Einfluss der Juden im zeitgenössischen Musikbetrieb, ja „den vollständigen Sieg des Judentums auf allen Seiten", erklärt Wagner folgendermaßen:

> Wir haben nicht erst nötig, die Verjüdung der modernen Kunst zu bestätigen; sie springt in die Augen und bestätigt sich den Sinnen von selbst. […]
> Was aber gab dem jüdischen Einflusse diese Macht? Leider ist eine Haupttugend des Deutschen auch der Quell seiner Schwächen. Das ruhige, gelassene Selbstvertrauen, das ihm bis zum Fernhalten alles peinigenden Seelenskrupels eigen bleibt, und so manche innig treue Tat aus seiner ungestört sich gleichen Natur hervortreibt, kann bei einem nur geringen Mangel an nötigem Feuer leicht zu jener wunderlichen Trägheit umschlagen, in welche wir jetzt, unter der andauernden Verwahrlosung aller höheren Anliegen des deutschen Geistes in den machtvollen politischen Sphären, die meisten, ja fast alle dem deutschen Wesen ganz treu verbliebenen Geister versunken sehen. In diese Trägheit versank auch Robert Schumanns Genius, als es ihn belästigte, dem geschäftig unruhigen jüdischen Geiste Stand zu halten; es war ihm ermüdend, an tausend einzelnen Zügen, welche zunächst an ihn herantraten, sich stets deutlich machen zu sollen, was hier vorging. So verlor er unbewusst seine edle Freiheit, und nun erleben es seine alten, von ihm endlich gar verleugneten Freunde, dass er als einer der Ihrigen von den Musikjuden uns im Triumphe dahergeführt wird![151]

Sprache und Volksbegriff sind bei Wagner eng gekoppelt: Die in *Das Judentum in der Musik* in hohem Maße diskreditierte „jüdische Sprechweise"[152] („ein zischender, schrillender, summsender und murksender

---

[150] Vgl. Fischer 2012, 248 u. 2000a, 36 f.

[151] Wagner, *Das Judentum in der Musik* [1869], 5 u. 37 f.

[152] Wagner meint damit wohl das „Mauscheln", das als Terminus mehrere althergebrachte Bedeutungen umfasst. Eine davon ist die für Fremde unver-

Lautausdruck") trägt wesentlich dazu bei, dass Wagner die Juden von der zukünftigen Kunst ausschließt:

> [...] entscheidend wichtig ist jedoch die Beachtung der Wirkung auf uns, welche der Jude durch seine Sprache hervorbringt; und namentlich ist dies der wesentliche Anhaltspunkt für die Ergründung des jüdischen Einflusses auf die Musik. – Der Jude spricht die Sprache der Nation, unter welcher er von Geschlecht zu Geschlecht lebt, aber er spricht sie immer als Ausländer.[153]

> [...] In einer fremden Sprache wahrhaft zu dichten, ist nun bisher selbst den größten Genies noch unmöglich gewesen. Unsere ganze europäische Zivilisation und Kunst ist aber für den Juden eine fremde Sprache geblieben; denn, wie an der Ausbildung dieser, hat er auch an der Entwicklung jener nicht teilgenommen, sondern kalt, ja feindselig hat der Unglückliche, Heimatlose ihr höchstens nur zugesehen. In dieser Sprache, dieser Kunst kann der Jude nur nachsprechen, nachkünsteln, nicht wirklich redend dichten oder Kunstwerke schaffen.[154]

> [...] Hören wir einen Juden sprechen, so verletzt uns unbewusst aller Mangel rein menschlichen Ausdrucks in seiner Rede: die kalte Gleichgültigkeit des eigentümlichen „Gelabbers" in ihr steigert sich bei keiner Veranlassung zur Erregtheit höherer, herzdurchglühter Leidenschaft. Sehen wir uns dagegen im Gespräch mit einem Juden zu diesem erregteren Ausdrucke gedrängt, so wird er uns stets ausweichen, weil er zur Erwiderung unfähig ist. Nie erregt sich der Jude im gemeinsamen Austausche der Empfindungen mit uns, sondern uns gegenüber, nur im ganz besonderen egoistischen Interesse seiner Eitelkeit oder seines Vorteils, was solcher Erregtheit, bei dem entstellenden Ausdruck seiner Sprechweise überhaupt, dann immer den Charakter des Lächerlichen gibt, und uns Alles, nur nicht Sympathie, für des Redenden Interesse zu erwecken vermag. Muss es schon denkbar erscheinen, dass bei gemeinschaftlichen Anliegenheiten unter einander, und namentlich da, wo in der Familie die rein menschliche Empfindung zum Durchbruche kommt, gewiss auch Juden ihren Gefühlen einen Ausdruck zu geben vermögen, der für sie gegenseitig

---

ständliche jiddische Sprache sowie das ihr attribuierte „Nuscheln" oder „Stammeln". Mit der Herabsetzung des Jiddischen bzw. der jiddischen Sprechdiktion bringt Wagner hier ein weiteres Element ein, um die jüdische Kultur als Ganzes zu diskreditieren.

[153] Wagner, *Das Judentum in der Musik* [1869], 6.
[154] Ebd. 7.

von entsprechender Wirkung ist, so kann das doch hier nicht in Betrachtung kommen, wo wir den Juden zu vernehmen haben, der im Lebens- und Kunstverkehr geradewegs zu uns spricht.[155]

[…] Was so der Vornahme der Juden, Kunst zu machen, entsprießt, muss daher notwendig die Eigenschaft der Kälte, der Gleichgültigkeit, bis zur Trivialität und Lächerlichkeit an sich haben, und wir müssen die Periode des Judentums in der modernen Musik geschichtlich als die der vollendeten Unproduktivität, der verkommenden Stabilität bezeichnen.[156]

Die Juden, so Wagner, hätten sich weder durch ihre Sprache noch durch ihre Kunst im (deutschen) Volke verwurzelt und auf diese Weise ein organisch gewachsenes, in sich konsistentes Kunstschaffen hervorgebracht, weshalb Letzterem stets etwas Epigonales, Triviales, im Innersten Langweiliges und auf reine Effekthascherei[157] („Reizung zur Aufmerksamkeit", „prickelnde Unruhe") und Publikumstäuschung Bedachtes anhafte.[158]

Und hiermit berühre ich denn nun die ernstlichste Seite des nachteiligen Erfolges der Einmischung des jüdischen Wesens in unsre Kunstzustände. In meinem voranstehenden älteren Aufsatze zeigte ich schließlich, dass es die Schwäche und Unfähigkeit der nachbeethovenschen Periode unsrer deutschen Musikproduktion war, welche die Einmischung der Juden in dieselbe zuließ: ich bezeichnete alle diejenigen unsrer Musiker, welche in der Verwischung des großen plastischen Stiles Beethovens die Ingredienzien für die Zubereitung der neueren gestaltungslosen, seichten, mit dem Anscheine der Solidität matt sich übertünchenden Manier fanden, und in dieser nun ohne Leben und Streben mit duseligem Behagen so weiter hin komponierten, als in dem von mir geschilderten Musikjudentum durchaus mitinbegriffen, möchten sie einer Nationalität angehören, welcher sie wollten. Diese eigentümliche Gemeinde ist es, welche gegenwärtig so ziemlich Alles in sich fasst, was Musik komponiert und – leider auch! – dirigiert. Ich glaube, dass Manche von ihnen durch meine

---

[155] Wagner, *Das Judentum in der Musik* [1869], 8.

[156] Ebd. 15.

[157] Fischer (2011, 248) zufolge habe Wagner in *Das Judentum in der Musik* Meyerbeer „mit einem Schlagwort belegt, das Geschichte machen sollte: Das Geheimnis seiner Opernmusik sei der Effekt, und Effekt sei nichts anderes als „Wirkung ohne Ursache".

[158] Vgl. Kneif 1975, 126; Wagner, *Das Judentum in der Musik* [1869], 14 f.

Kunstschriften ehrlich konfus gemacht und erschreckt worden sind: ihre redliche Verwirrung und Betroffenheit war es, welcher die Juden, im Zorn über meinen obigen Artikel, sich bemächtigten, um jede anständige Diskussion meiner anderweitigen theoretischen Thesen sofort abzuschneiden, da zu der Möglichkeit einer solchen von Seiten ehrlicher deutscher Musiker anfänglich sich beachtenswerte Ansätze zeigten.[159]

[...] *Dies ist sehr wichtig:* einen Menschen, dessen Erscheinung – nicht in dieser oder jener Persönlichkeit, sondern allgemeinhin seiner Gattung nach – wir zu künstlerischer Kundgebung für unfähig halten müssen, dürfen wir zur künstlerischen Äußerung rein menschlichen Wesens überhaupt für ebenfalls unfähig halten. [...]

Der Jude, der an sich unfähig ist, weder durch seine äußere Erscheinung, noch durch seine Sprache, am allerwenigsten aber durch seinen Gesang sich uns künstlerisch mitzuteilen, hat nichtsdestoweniger vermocht, in der verbreitetsten der modernen Kunstarten, *der Musik*, zur Beherrschung des öffentlichen Geschmacks zu gelangen. [...]

Der Jude hat nie eine eigne Kunst gehabt, daher nie ein Leben von kunstfähigem Gehalte: ein Gehalt, ein allgemeingültiger, menschlicher Gehalt, ist diesem auch jetzt vom Suchenden nicht zu entnehmen, sondern nur eine sonderliche Ausdrucksweise [...].

Wie in diesem Jargon mit wunderlicher Ausdruckslosigkeit Worte und Konstruktionen durcheinandergeworfen werden, so wirft der jüdische Musiker auch die verschiedenen Formen und Stile aller Meister und Zeiten durcheinander: dicht nebeneinander treffen wir da im buntesten, verworrensten Chaos die formellen Eigentümlichkeiten aller Schulen ausgekramt.[160]

Während die Gegnerschaft zu Meyerbeer Wagner bis zu seinem Tod beschäftigte, war Meyerbeer selbst, allen Legenden der Wagnerianer zum Trotz, kein erbitterter Gegenspieler Wagners. Jedenfalls betont Wagner in der mit seinem vollen Namen gezeichneten Fassung des Essays von 1869, er habe die Schrift 1850 bewusst unter dem Pseudonym

---

[159] Wagner, *Das Judentum in der Musik* [1869], 32.
[160] Wagner, *Das Judentum in der Musik* [1850], 57, 61, 65 u. 67 (Hervorhebungen im Original). Dass der Vorwurf des Epigonentums, den Wagner in seiner Schrift gegenüber jüdischen Komponisten erhebt, auch später noch als antisemitischer Reflex bemüht wurde, zeigt das Beispiel Gustav Mahlers, dem die zeitgenössische Kritik ebenfalls eine epigonenhafte Vermischung verschiedenster Musikstile und -traditionen vorwarf.

K. Freigedank publiziert, damit sein Name als der „eines jedenfalls auf den Ruhm Anderer neidischen Komponisten" nicht ins Spiel gebracht würde, was dann trotzdem geschehen sei.[161] Genau diese Behauptung Wagners nimmt Gutmann in seiner *Entgegnung auf Wagners Schrift „Das Judentum in der Musik"* (*Richard Wagner, der Judenfresser*) zum Anlass, um Wagners sich selbst auferlegte Opferrolle mit beißendem Spott zu überziehen:

> Das war nun zwar, wie die Berichte melden, damals nichts Seltenes in Paris;[162] doch wurmte es Herrn Wagner ungemein, um so mehr[,] als er den Beifall, den Meyerbeer und anderwärts auch Mendelssohn fanden, für eine Verirrung des öffentlichen Geschmackes ansah. Er blickte aber nicht allein mit Verachtung auf das künstlerische Schaffen seiner Rivalen, sondern, da er in seiner Selbstüberschätzung annahm, man streue ihm nicht genug Lorbeeren, auch mit Missgunst auf den Beifall, den jene fanden; er beneidete sie um ihren Kunstruhm. Zwar verwahrt er sich heute gegen diese Beschuldigung und versichert, er habe die ganze Frage sehr ernstlich und objektiv aufgefasst und für seinen Aufsatz ein Pseudonym gewählt, damit man die Angelegenheit nicht ins Persönliche verschleppe und ihn des Neids auf den Ruhm anderer Komponisten bezüchtige. Ach, die böse Welt hat sich nun einmal fest vorgenommen, die Sache ganz anders aufzufassen als der gute Wagner. […]
>
> – Das Hirn unsres famosen Zukunftsmusikers ist aber seit seinem Misserfolg vollständig okkupiert von den Gestalten der jüdischen Komponisten Meyerbeer und Mendelssohn; sie sind sein ewiges Weg und Ach, das A und O all seiner Klagen. Diese Juden bezeichnen nicht allein die „verkommende Stabilität" in der modernen Kunst; sie sind auch so unverschämt, mit ihren großen Judennasen für Richard bestimmten Weihrauch aufzufangen.[163]

Wagners Diskreditierung der beiden Komponisten verbindet Gutmann mit der These, Wagner greife im Grunde „in ihnen die Juden an", da er „gegen die Künstler Mendelssohn und Meyerbeer nichts ausrichten" könne. Nach Gutmanns Lesart folgt Wagners Antisemitismus einem *Pars-pro-toto*-Modell: Aus Wagners Animosität gegenüber den Künst-

---

[161] Vgl. Wagner, *Das Judentum in der Musik* [1869], 22 f.; Jütte 2009a u. 2009b; Kneif 1975, 114 u. 121–127. Vgl. hierzu auch Safranski 2007, 258 u. 269.

[162] Gemeint ist der Pariser „*Tannhäuser*-Skandal" von 1861.

[163] Gutmann 1869, 5 f.

lern Mendelssohn und Meyerbeer im Besonderen erwuchs demnach ein Rundumschlag gegen die Juden im Allgemeinen:

> Wagners Polemik musste sich also notwendigerweise gegen jene Beiden richten. Nun war er gerade noch so einsichtsvoll sich zu sagen, dass, da er mit Argumenten der Vernunft nicht ankommen konnte, er unbedingt scheitern musste, wenn er die Komponisten direkt angriff. Sobald er sich in dieser Gefahr sah, betrat er schleunigst einen Weg, der in derartigen Fällen konventionell ist, weil damit bei oberflächlichen Köpfen das Meiste zu erreichen ist. In der Verzweiflung darüber, gegen die Künstler Mendelssohn und Meyerbeer nichts ausrichten zu können, greift er in ihnen die Juden an. Indem er somit verzichten muss, reflektierende Köpfe für sich zu gewinnen, entschädigt er sich an den urteilsunfähigen, die er dadurch zu ködern sucht, dass er beliebte, ihnen geläufige Töne anschlägt.[164]

Gutmann hält in seiner rhetorisch geschickt angelegten Suada Wagner vor, dieser bemühe in seinem Unvermögen, an die Erfolge seiner beiden jüdischen Antipoden anzuknüpfen, antisemitische Klischees, die in der damaligen Bevölkerung verbreitet waren, um sich auf diese Weise Gehör zu verschaffen. Wagner verlasse also laut Gutmann sozusagen das Feld der Kunst und betrete mit seinem Diskurs jenes der Gesellschaft bzw. der Gesellschaftspolitik. Dabei verbinde er seinen persönlichen Judenhass mit seinem Neid auf Mendelssohn und Meyerbeer und projiziere dieses Gemenge auf die Folie des ‚Zeitgeistes':

> Der Judenhass Wagners erweist sich also der Hauptsache nach als ein Mittel zum Zweck, bei dessen Anwendung ihm seiner persönliche Abneigung gegen alles jüdische Wesen trefflich zu statten kommt. [...]
> Da es Richard Wagner in seiner Polemik nicht darauf ankommt, etwas Wahres zu sagen, sondern nur etwas Nachteiliges gegen die Juden hervorzubringen, so darf es nicht Wunder nehmen, dass er die landläufigen, bis zum Ekel oft wiederholten Bemerkungen, die Unverstand und Unkenntnis gegen jene hervorgebracht, reproduziert. Um die banalen Sätze für gewisse Leute mundgerecht zu machen, umspinnt er sie mit einem schön klingenden Wortschwall.[165]

Darüber hinaus lässt sich die Annahme, dass das Judentum im Allgemeinen sowohl für den vor- als auch für den nachrevolutionären Wagner

---

[164] Gutmann 1869, 6.
[165] Ebd. 6–8.

ein, wenn nicht sogar *das* Sinnbild schlechthin für eine egoistische und kapitalistisch entfremdete Gesellschaft abgab, in einigen Hinweisen der Schrift von 1850 – so etwa in der Spitze gegen den Bankier Rothschild – bestätigen. Grundsätzlich war der „Jude" für Wagner ein Bild, das eine ihm nicht ganz geheure Geschäftstüchtigkeit bezeichnete. Damit verbunden ist ferner eine These der jüngeren Forschung, der zufolge sich Wagners ästhetische Totalität, auf welcher sein Konzept des Gesamtkunstwerks basierte, gegen die seiner Ansicht nach zersetzende Wirkung des Geldes verwahren musste. Aus diesem Grunde koalierte diese Totalität bei Wagner unter anderem auch mit seinem Antisemitismus.[166]

Gutmanns *Entgegnung auf Wagners Schrift „Das Judentum in der Musik"* findet ihre ebenso bissige wie nachdenklich stimmende Pointe im nachfolgend angeführten Passus. Dieser verschränkt Wagners zukunftsweisendes Kunstkonzept und seine (notabene in mancher Hinsicht berechtigte!) Kritik am zeitgenössischen Kulturbetrieb mit den ihm gegenüber erhobenen Neidvorwürfen und demaskiert das Judentum gleichsam als Projektionsfläche für Wagners Fortifikationshaltung:

> Aus der Betrachtung der vorgeführten Erscheinungen ergibt sich denn für Wagner die Unfähigkeit unsrer musikalischen Kunstepoche. Die Unfähigkeit der musikalischen Kunstart selbst wird dargetan in den Kunstwerken Mendelssohns; die Nichtigkeit unsrer ganzen Öffentlichkeit in denen Meyerbeers. Wer sich dieser Erkenntnis verschließt, den steckt Wagner in die Kategorie der „Judenschaft in der Musik". Richard Wagner teilt also die Musikwelt in zwei Teile, in das Judentum und das Nichtjudentum. Das Nichtjudentum ist ihm eine Art Elysium, in dem man ihn anbetet und beräuchert. Zu diesem haben nur blonde Musiker den Zutritt und von diesen auch nur die absoluten Wagnernarren, wie es deren (sic) in München, Dresden und Russland wohl geben mag. Sie genießen paradiesisches Glück und werden den ganzen Tag mit Zukunftsmusik traktiert. Starkes Trommelfell und gesunde Nerven sind erwünscht. Das Judentum dagegen ist wie der Tartarus; da hinein schleudert Wagner fulminans zuerst alle Juden ohne Ausnahme; sodann die „übertölpelten Christen", auf die der „hebräische Kunstgeschmack" so nachteilig eingewirkt hat, dass sie dem Gotte zu opfern vergaßen; sie werden bestraft, weil sie sich der wahren Erkenntnis verschlossen. Und welches ist ihre Strafe? Sie werden fortwährend „getäuscht", indem man ihnen „Trivialitäten aufheftet".[167]

---

[166] Vgl. Thomä 2006, 129 u. 220 f.; Kneif 1975, 120 f.
[167] Gutmann 1869, 11.

Wagner a proto-Fascist? Why not leave behind this search for the „proto-Fascist" elements in Wagner and, rather, in a violent gesture of appropriation, reinscribe *Parsifal* in the tradition of radical revolutionary parties?

Slavoj Žižek, *Why is Wagner Worth Saving?* (2004)

So in höchster Unzufriedenheit mit meiner Stellung u. fast mit meiner Kunst, seufzend unter einem Drucke, den Du leider nicht ganz begreifen wolltest, tief verschuldet, so dass mein gewöhnlicher Erwerb nur in langen Jahren u. unter schmählichen Beschränkungen meine Gläubiger befriedigt haben würde, – zerfiel ich mit dieser Welt, hörte auf Künstler zu sein, zersplitterte meine schöpferischen Kräfte u. wurde – wenn auch nicht mit der Tat, so doch in der Gesinnung – nur noch Revolutionär, d. h. ich suchte nur in einer gänzlich umgestalteten Welt den Boden für neue künstlerische Schöpfungen meines Geistes. Die Dresdener Revolution u. ihr ganzer Erfolg hat mich nun belehrt, dass ich keineswegs ein eigentlicher Revolutionär bin: ich habe gerade an dem schlimmen Ausgang der Erhebung ersehen, dass ein wirklicher siegreicher Revolutionär gänzlich ohne alle Rücksicht verfahren muss, – er darf nicht an Weib u. Kind, nicht an Haus u. Hof denken, – sein einziges Streben ist: – Vernichtung […].

Aber nicht Menschen unsrer Art sind zu dieser fürchterlichen Aufgabe bestimmt: wir sind nur Revolutionäre, um auf einem frischen Boden *aufbauen* zu können; nicht das *Zerstören* reizt uns, sondern das *Neugestalten*, u. deshalb sind wir nicht die Menschen, die das Schicksal braucht, – diese werden aus der tiefsten Hefe des Volkes entstehen; – wir und unser Herz kann nichts mit ihnen gemein haben. Siehst Du! *So scheide ich mich von der Revolution...*

Aus Wagners Brief vom 14. Mai 1849 an seine Frau Minna

„Die Erlösung Ahasvers: Der Untergang!"

Um sich in einem nächsten Schritt Wagners Haltung gegenüber den Juden und einigen mehrdeutigen, teilweise höchst bizarr anmutenden Ausführungen in *Das Judentum in der Musik* hermeneutisch anzunähern, bietet sich ein Blick auf Wagners Leben und Wirken vor allem in den 1840er und 1850er Jahren an. Wie zahlreiche mündliche und schriftliche Quellen belegen, bewegte sich Wagner bereits damals deutlich jenseits des aristotelischen *zoon politikon*, also des sozialen, auf Gemeinschaft ebenso angelegten wie angewiesenen „Lebewesens". Die terminologische Abgrenzung mag spitzfindig erscheinen, greift aber im vorliegenden Zusammenhang durchaus: Denn als Mensch und Künstler befand sich Wagner stets im Spannungsfeld zwischen einer kollektiven Eingebundenheit und einem nach individualistischer Entfaltung strebenden *homo oeconomicus*. Denkt man diese ‚Archetypen' zusammen, offenbart sich Wagner als *homo politicus* ganz eigener Prägung, nämlich als ein politisch denkender und handelnder Mensch, dessen Leben und Werk stets in gesellschaftliche und wirtschaftliche Kontexte eingebunden war und dessen politisches Engagement sich bereits sehr früh bemerkbar machte. An dieser Tatsache ändert auch Wagners relativierende Aussage in seiner Schrift *Eine Mitteilung an meine Freunde* (1851) wenig:

> Nie hatte ich mich eigentlich mit Politik beschäftigt. Ich entsinne mich jetzt, den Erscheinungen der politischen Welt genau nur in dem Maße Aufmerksamkeit zugewendet zu haben, als in ihnen der Geist der Revolution sich kundtat, nämlich, als die reine menschliche Natur sich gegen den politisch-juristischen Formalismus empörte: in diesem Sinne war ein Kriminalfall für mich von demselben Interesse, wie eine politische Aktion. Stets konnte ich nur für den Leidenden Partei nehmen, und zwar ganz in dem Grade eifrig, als er sich gegen irgendwelchen Druck wehrte: niemals habe ich es vermocht, irgendeiner politisch konstruktiven Idee zu lieb diese Parteinahme fallen zu lassen.[168]

---

[168] Wagner, *Werke, Schriften und Briefe*; *Sämtliche Schriften und Dichtungen*, IV, 308 f.

Eine eminente Rolle für Wagners revolutionäre wie sozialpolitische Überzeugungen – und damit auch für die Frage nach der Emanzipation der Juden und deren Stellung in der Gesellschaft Deutschlands – spielte die Revolution von 1848/49.[169] Diese war eine durch die französische Februarrevolution 1848 ausgelöste und zunächst in erster Linie von Paris, Wien, Berlin, Prag und Budapest aus gelenkte Begebenheit. Indes wurde binnen Kurzem eine folgenreiche Kettenreaktion gezündet, so dass revolutionäre Erhebungen nahezu den gesamten europäischen Kontinent erfassten. Es kam allenthalben zu Umstürzen oder Umsturzversuchen, die teilweise bis ins Jahr 1849 hinein dauerten. In Deutschland beendeten die Revolutionsereignisse den sogenannten „Vormärz". Damit ist zum einen die Epoche zwischen der 1815 am Wiener Kongress etablierten Restauration und der, bezogen auf die erste Revolutionsphase, sogenannten „Märzrevolution" von 1848 gemeint. Zum anderen bezeichnet der Begriff die seelisch-geistige Atmosphäre, die vor dem politischen Umschwung von 1848 in den Ländern des Deutschen Bundes herrschte.

Während bei den Revolten in Paris die Schaffung eines demokratisch-sozialistischen Staates im Mittelpunkt der revolutionären Bestrebungen stand, kämpften die deutschen Aufständischen für ein zweifaches Ziel: für die nationale Einheit *und* für eine freiheitliche Verfassung. Demgegenüber ging es etwa in Böhmen, Ungarn, Polen, Italien und weiteren Gebieten Ostmitteleuropas primär um die nationale Unabhängigkeit vom Habsburgerreich oder zumindest um die Anerkennung der dortigen Völker als gleichberechtigte Nationen innerhalb der bestehenden Grenzen der Donaumonarchie.

Nach durchaus beachtlichen Anfangserfolgen und weiteren Etappensiegen der Revolutionäre gelang es den Monarchen letzten Endes doch, die Erhebungen mit Hilfe ihrer Streitkräfte zu beenden. Des ungeachtet setzte das revolutionäre Doppeljahr von 1848/49 Maßstäbe für die künftige politische und gesellschaftliche Entwicklung in Europa. Denn eine vollständige Rückkehr zur vorrevolutionären Politik und zu den althergebrachten Systemstrukturen der Restauration war ebenso wenig möglich wie eine auf längere Sicht erfolgreiche Unterdrückung mancher revolutionärer Errungenschaften in den einzelnen Ländern. Die politisch-konstitutionellen, sozioökonomischen und nationalstaatlichen Forderungen der jeweiligen Revolutionsbewegungen hatten sich dermaßen im

---

[169] Ausführlich zur Bedeutung des französischen Frühsozialismus für Wagners eigene sozialpolitische Überzeugungen und Theorien: Kreckel 1986.

kollektiven Gedächtnis der Völker Europas verankert, dass die Impulse, die die Umbrüche von 1848/49 gegeben hatten und die vorerst noch von den reaktionären Kräften niedergehalten wurden, in der zweiten Hälfte des 19. Jahrhunderts die politische und soziale Entwicklung der europäischen Staaten entscheidend beeinflussten.[170]

Im Deutschen Bund gehörte, neben der Badischen Revolution, der Dresdner Aufstand vom 3. bis 9. Mai 1849 zu den wichtigsten Revolutionsereignissen.[171] Er war buchstäblich das letzte Aufflackern der bereits weitgehend gescheiterten Erhebungen in Deutschland, in denen sich, wie im damaligen Frankreich, bürgerlich-republikanische und (früh-)sozialistische[172] Tendenzen überlagerten. Der Aufstand in Dresden war der Versuch, den sächsischen König Friedrich August II. zu stürzen, eine Republik zu errichten und damit die demokratische Entwicklung in Sachsen voranzutreiben. Der unmittelbare Anlass für die eigentlichen Kampfhandlungen war der Umstand, dass der sächsische König im April 1849 nach einem offensichtlichen Verfassungsbruch die gewählte Regierung auflöste, die Indienstnahme preußischer Truppen androhte und die Bürgergarde alarmieren ließ.

An der darauffolgenden bewaffneten Auseinandersetzung zwischen den Revolutionären und dem übermächtigen preußischen und sächsischen Militär nahmen u. a. drei Protagonisten aktiv teil, die in ihren jeweiligen Metiers zu den wegweisenden Ideen- bzw. Stichwortgebern des 19. Jahrhunderts gehörten: der russische Anarchist Michail Bakunin, der in Dresden die militärische Führung der Aufständischen beriet und deren Rückzug organisierte, sodann der Architekt Gottfried Semper, der die Aufsicht über den Barrikadenbau innehatte, und schließlich der damals knapp sechsunddreißigjährige Richard Wagner. Alle drei waren miteinander nicht nur bekannt, sondern hatten bereits im Vorfeld der Maie-

---

[170] Zur Europäischen Revolution von 1848/49 siehe u. a. Gaehtgens 2000; Kühne 2000; Langewiesche 2000; Dowe/Haupt 1998; Haupt/Langewiesche 1998; Hein 1998.

[171] Hier und im Folgenden: Matzerath 1999 sowie die vom Forschungsinstitut der Friedrich-Ebert-Stiftung herausgegebene Schrift *Michael Bakunin, Gottfried Semper, Richard Wagner und der Dresdner Mai-Aufstand 1849*. Symposium des Forschungsinstituts der Friedrich-Ebert-Stiftung am 27. Oktober 1995 in Dresden. Bonn 1995.

[172] Vgl. auch Kreckel 1986.

reignisse einen intensiven Gedankenaustausch über die in ihren Augen längst fällige Revolutionierung von Kunst und Gesellschaft gepflegt.

Bakunin war von Wagner und dessen praktischem Organisationstalent derart beeindruckt, dass er ihm anlässlich dieses Mai-Aufstandes die Komposition eines Terzetts vorschlug, bei dem der Tenor immerzu „Köpfet ihn!", der Sopran „Hängt ihn!" und der Bass „Feuer! Feuer!" singen sollte. Wagner seinerseits avancierte, nachdem die provisorische Regierung am 4. Mai 1849 den bewaffneten Widerstand beschlossen hatte, zu einem vorerst beobachtenden[173], dann aber zunehmend militanten Revolutionär, der zu geheimen Zusammenkünften hinsichtlich der Volksbewaffnung lud, die Aufständischen anfeuerte und vom Turm der Dresdner Kreuzkirche aus die Truppenbewegungen vor der Stadt überwachte. Außerdem soll er kleine Kampfgruppen zusammengestellt und mit seinem Freund und Mitstreiter August Röckel[174] sogar die Herstellung einer beträchtlichen Anzahl von Handgranaten in Auftrag gegeben haben. In seiner Autobiographie *Mein Leben* (1865–1880) bringt Wagner sein revolutionäres Engagement zunächst auf die schlichte Formel: „[…] mir behagte es, mein persönliches Schicksal mit dieser allgemeinen Lage verwachsen mir vorzustellen […]"[175] Weiter schreibt er etwas ausführlicher:

> […] war bis hierher durchaus nur die Teilnahme für einen, anfangs mit fast ironischer Ungläubigkeit, dann mit Überraschung aufgenommenen Vorgang angeregt gewesen, so dehnte sich jetzt bald vor meinen Blicken das bisher Unbegreifliche zu einer großen und hoffnungsvollen Bedeutung aus. Ohne in mir den Drang und namentlich den Beruf zu fühlen, in irgendwelcher Weise mir eine Rolle oder Funktion hierbei zugeteilt zu sehen, ließ ich doch nun mit vollem Bewusstsein jede Rücksicht auf meine persönliche Lage fahren und

---

[173] Vgl. Wagner, *Mein Leben*, 460: „Von hier an entsinne ich mich ganz deutlich, durch das Unerhörte des Schauspiels mich angezogen gefühlt zu haben, ohne je das Verlangen zu empfinden, in Reih und Glied unter die von mir beobachteten Streiter mich zu stellen."

[174] August Röckel (1814–1876) war von 1843 bis 1848 königlich-sächsischer Musikdirektor in Dresden, Abgeordneter in der später aufgelösten 2. Kammer des Sächsischen Landtages sowie Herausgeber der *Volksblätter*, einer Revolutionszeitschrift der radikalen Dresdner Demokraten. In Röckels *Volksblättern* veröffentlichte Wagner anonym seine Schriften *Deutschland und seine Fürsten* (1848), *Der Mensch und die bestehende Gesellschaft* (1849) sowie *Die Revolution* (ebenfalls 1849).

[175] Wagner, *Mein Leben*, 456.

beschloss, mich dem Strome der Ereignisse nach der Richtung zu überlassen, in welche meine Lebensstimmung mit verzweiflungsvollem Behagen mich hingetrieben hatte.[176]

In der Folge wechselte Wagner, zunehmend pazifistisch gestimmt, mehrfach die Fronten im Dienste seiner privaten Versöhnungsdiplomatie mit dem Ziel, die sächsischen Soldaten durch Flugblätter dazu zu bewegen, sich mit den Aufständischen gegen die anrückenden preußischen Truppen zu solidarisieren („Seid ihr mit uns gegen fremde Truppen?"). Doch Wagners Versöhnungsappelle gingen im Kampflärm unter, sodass er hinter den von Semper konzipierten Barrikaden Deckung suchen musste. Nach sechs Tagen war die Revolution verloren. Die mit gnadenloser Härte geführte Intervention der preußischen Soldaten rettete den Thron. Von den rund 3'000 Aufständischen wurden etwa 250 getötet und 400 verwundet, und die Mitglieder der revolutionären Regierung, die sich retten konnten, flohen aus der Stadt. Durch ihren Sieg in Dresden hatte die militärisch-bürokratische Reaktion einerseits ihre Stellung in Sachsen gesichert. Andererseits wirkte die Niederschlagung des Mai-Aufstandes auf ganz Deutschland wie ein Fanal, hatte sich doch gezeigt, dass Preußen zur militärischen Intervention bereit war und über verlässliche wie unbarmherzig durchgreifende Truppen verfügte. Dieser Umstand erwies sich im weiteren Verlauf der Reichsverfassungskampagne als entscheidend. Denn knapp drei Monate später wurden im badischen Rastatt – und damit in allen Staaten des Deutschen Bundes – die revolutionären Kämpfe endgültig niedergeschlagen.[177]

Bereits am Tag nach dem Zusammenbruch des Dresdner Aufstandes setzte sich Wagner gemeinsam mit Bakunin zuerst nach Freiberg, dann nach Chemnitz ab, wohin Wagners Frau Minna am 7. Mai 1849 in Sicherheit gebracht worden war. An sie schrieb Wagner am 14. Mai 1849:

Die Dresdener Revolution u. ihr ganzer Erfolg hat mich nun belehrt, dass ich keineswegs ein eigentlicher Revolutionär bin: ich habe gerade an dem schlimmen Ausgang der Erhebung ersehen, dass ein wirklicher siegreicher Revolutionär gänzlich ohne alle Rücksicht verfahren muss, – er darf nicht an Weib u. Kind, nicht an Haus u. Hof denken, – sein einziges Streben ist: – Vernichtung […]. Aber nicht Menschen unsrer Art sind zu dieser fürchterlichen Aufgabe bestimmt: wir

---

[176] Wagner, *Mein Leben*, 456.

[177] Safranski 2007, 260 f.; Bermbach 2006, 90; Scholz 2006, 137 f.; Bruyn 1995, 20.

sind nur Revolutionäre, um auf einem frischen Boden *aufbauen* zu können; nicht das *Zerstören* reizt uns, sondern das *Neugestalten*, u. deshalb sind wir nicht die Menschen, die das Schicksal braucht, – diese werden aus der tiefsten Hefe des Volkes entstehen; – wir und unser Herz kann nichts mit ihnen gemein haben. Siehst Du! *So scheide ich mich von der Revolution...*[178]

Am 19. Mai 1849 erschien im *Dresdner Anzeiger* ein auf den 16. Mai datierter Steckbrief gegen Wagner, in dem der Flüchtige „wegen wesentlicher Teilnahme an der in hiesiger Stadt stattgefundenen aufrührerischen Bewegung" zur Fahndung ausgeschrieben wurde. Erneuert und mit Wagners Porträt versehen wurde der Steckbrief 1853 in *Eberhardts Allgemeinen Polizei-Anzeiger*. Erst 1862 wurde die Fahndung eingestellt und Wagner amnestiert.

---

[178] Wagner, *Briefe*, II, 653 f. Hervorhebungen im Original.

Stedbrief.

Der unten etwas näher bezeichnete Königl. Capellmeister

Richard Wagner von hier ist wegen wesentlicher Theilnahme an der in hiesiger Stadt stattgefundenen aufrührerischen Bewegung zur Untersuchung zu ziehen, zur Zeit aber nicht zu erlangen gewesen. Es werden daher alle Polizeibehörden auf denselben aufmerksam gemacht und ersucht, Wagnern im Betretungsfalle zu verhaften und davon uns schleunigst Nachricht zu ertheilen.

Dresden, den 16. Mai 1849.
Die Stadt=Polizei=Deputation.
— von Oppell.

Wagner ist 37—38 Jahre alt, mittler Statur, hat braunes Haar und trägt eine Brille.

Wagners Steckbrief, ausgestellt am 16. Mai 1849 [179]

---

[179] Text (in der Originalorthographie): „Steckbrief." / „Der unten etwas näher bezeichnete Königli. Capellmeister / Richard Wagner von hier / ist wegen wesentlicher Theilnahme an der in hiesiger Stadt stattgefundenen aufrührerischen Bewegung zur Untersuchung zu ziehen, zur Zeit aber nicht zu erlangen gewesen. Es werden daher alle Polizeibehörden auf denselben aufmerksam gemacht und ersucht, Wagnern im Betretungsfalle zu verhaften und davon uns schleunigst Nachricht zu ertheilen. / Dresden, den 16. Mai 1849. / Die Stadt-Polizei-Deputation. / von Oppell. / Wagner ist 37–38 Jahre alt, mittler (sic) Statur, hat braunes Haar und trägt eine Brille."
Abbildung (bearbeitet) aus dem Privatbesitz von Hans-Peter Haack (Fotografie vom 28. März 2009). Quelle: http://en.wikipedia.org/wiki/File:Richard_Wagners_Steckbrief_1849.jpg (letzter Abruf am 1. März 2013) gemeinfrei.

Wagners Steckbrief in *Eberhardts Allgemeinem Polizei-Anzeiger* 1853[180]

---

[180] Ausgabe vom 11. Juni bzw. Juli(?) 1853. Text (in der Originalorthographie): „Politisch gefährliche Individuen" / „Wagner, Richard, ehemaliger Kapellmeister aus Dresden, einer der hervorragendsten Anhänger der Umsturzpartei, welcher wegen Teilnahme an der Revolution in Dresden im Mai 1849 steckbrieflich verfolgt wird, soll beabsichtigen, sich von Zürich aus, woselbst er sich gegenwärtig aufhält, nach Deutschland zu begeben. Behulfs (sic) seiner Habhaftwerdung wird ein Portrait Wagn[ers,] der im Betretungsfalle zu verhaften und an [das] königliche Stadtgericht zu Dresden abzuliefern sei[n] dürfte, hier beigefügt." Abbildung (bearbeitet) aus dem Privatbesitz von Josef Lehmkuhl (fotografiert im Juni 2009). Quelle: http://de.wikipedia.org/wiki/Datei:Wagner-Steckbrief_1853.jpg (letzter Abruf am 1. März 2013;), gemeinfrei.

Während Bakunin in Chemnitz von Gendarmen im Namen der königlichen Reichsregierung verhaftet wurde, gelang es Wagner, unbehelligt nach Weimar zu gelangen, von wo ihm Franz Liszt nach Zürich weiterhalf. Am 22. Juni 1849 wurde Wagner überdies formell, wegen unerlaubter Abwesenheit (!), aus seinem Amt an der Dresdner Hofoper entlassen. Auffallend ist die ironische Distanz, die Wagner in seinen Lebenserinnerungen zu den revolutionären Ereignissen von 1848/49 walten lässt:[181]

> In Wahrheit hatte ich über mein Verhältnis zur öffentlichen Gerechtigkeit meines engeren Vaterlandes einen sehr unklaren Begriff. Hatte ich etwas nach den Gesetzen Strafbares begangen oder nicht?[182]

Der Dresdner Mai-Aufstand wurde in mehrfacher Hinsicht zu einer Zäsur in Wagners Leben: Die Niederschlagung der Erhebung zwang ihn, den steckbrieflich gesuchten politischen Flüchtling, für zwölf Jahre ins Schweizer Exil, wohin viele Prominente der deutschen, radikal-demokratisch gesinnten linken Intelligenz geflohen waren – und zwar mit allen Folgen der Exilierung: Entwurzelung, Trennung von Familie und Freunden, Geldnot oder die Unmöglichkeit, die eigenen Werke aufgeführt zu sehen bzw. zu hören (amnestiert wurde Wagner, wie angedeutet, erst 1862, woraufhin er nach Wien übersiedelte). In Zürich[183] entstanden während der für Wagners Leben zentralen Umbruchjahre die Gesamtkonzeption wie auch die Teilkomposition des *Rings des Nibelungen*, überdies das Buch und Teile der Musik zu *Tristan und Isolde* (1855–1859, Uraufführung 1865) sowie grundsätzlich neue Konzepte von Musik und Raum. Die Revolution bedeutete aber auch in einem prinzipielleren Sinne einen Wendepunkt für Wagner. So wurde alles, was er an Gesellschafts- und Kunstkritik in den Jahren zuvor entwickelt hatte, in der Vorbereitung ebenso wie in der Durchführung dieser Revolution literarisch wie auch praktisch – durch die Beteiligung am Aufstand – verdichtet. Und schließlich sah sich Wagner infolge seines praktischen Scheiterns als Revolutionär auch dazu veranlasst, sich selbst gegenüber darüber Rechenschaft abzulegen, was er eigentlich wollte und wo er gesellschaftspolitisch wie künstlerisch stand. Seine sogenannten *Zürcher Kunstschriften* (1849–1851), die wohl die bedeutendste gesellschaftstheo-

---

[181] Bermbach 2006, 94 f.; Schad 2006, 89; Scholz 2006, 138 f.; Bruyn 1995, 23; Wagner, *Mein Leben*, 474–486.

[182] Wagner, *Mein Leben*, 481.

[183] Ausführlich hierzu: Lütteken 2008 und Hanke 2007.

retisch durchdrungene Ästhetik des 19. Jahrhunderts darstellen, sind das eindrucksvolle Ergebnis dieser Selbstreflexion. Überhaupt erörterte Wagner in seinen zahlreichen theoretisch-philosophischen Schriften zur Musik nahezu alle Fragen, die im Zusammenhang mit der Dramatisierung von Musik stehen.[184]

Für Wagner bildete das Leben in all seinen (auch politischen) Verzweigungen und Wirrungen eine Einheit mit dem Werk, in der sich die Widersprüche in einem höheren Sinne gegenseitig aufhoben. Er gehörte zu den Künstlern, die die Konflikte in modernen Gesellschaften in ihren Kunstwerken nicht versöhnend sublimierten, sondern sie, im Gegenteil, absichtsvoll zuspitzten. Gerade Wagners politisch-ästhetische Schriften, die im Umfeld der Deutschen Revolution von 1848/49 und danach in Zürich entstanden, zeigen, wie grundlegend die politischen Erfahrungen für seine theoretischen Reflexionen waren und wie sehr sie seine zentrale Vision vom „Kunstwerk der Zukunft" mitbestimmten. In jenem revolutionären Doppeljahr zeigte sich Wagner als rebellischer, junger und zugleich gegenüber politischen Fragen sensibler Künstler, der Vorschläge für radikale Veränderungen in der musikalischen und kulturellen Routine, aber auch im Hinblick auf die zeitgenössische Politik und Gesellschaft formulierte.

Wagner war und blieb als Politiker mehr Sozialist und Kulturutopist denn Patriot im Sinne machtstaatlicher Überlegungen oder Ziele. Ihm schwebte eine klassenlose, von Luxus und Gold- bzw. Geldherrschaft befreite und auf – im weitesten Sinne des Wortes verstandene – ‚Liebe' gegründete Gesellschaft vor, in der er auch das seiner Ansicht nach ‚ideale' Publikum als *Spectatores in fabula* für „sein" Konzept des Gesamtkunstwerks sah. Gedacht war dieses demzufolge als eine die sozialen Disparitäten und Konflikte einebnende emotionale Vergemeinschaftung.[185] In politischer Hinsicht ging Wagner weitgehend den Weg des deutschen Bürgertums, nämlich „von der Revolution zur Enttäuschung, zum Pessimismus und einer resignierten, machtgeschützten Innerlichkeit"[186].

Vor diesem Hintergrund, der Wagner als dezidierten Gesellschaftskritiker und überzeugten Vertreter liberal-revolutionären Gedankenguts er-

---

[184] Naegele 2009, 11 f.; Safranski 2007, 264; Schad 2006, 89; Dahmer 1995, 71 f.

[185] Naegele 2009, 11 f.; Thomä 2006, 249; Bermbach 2005, 53; Bermbach 1995.

[186] Mann 1974, 128 f.

scheinen lässt, zeigt sich eine weitere, möglicherweise schlüssigere und angemessenere, auf jeden Fall aber zum oben erörterten „Erlösungs-Antisemitismus" kompatible Lesart. Diese ergibt sich in erster Linie aus der Gegenüberstellung von *Das Judentum in der Musik* und den ungefähr gleichzeitig verfassten *Zürcher Kunstschriften*. Demnach werden in *Das Judentum in der Musik* auch poetologische und weitreichende gesellschaftspolitische Gedanken aufgegriffen, die im Hinblick auf Wagners Konzept eines neu zu schaffenden „Musikdramas" relevant sind. Folgt man diesem Denkansatz, so könnten – ungeachtet aller das Pamphlet durchziehenden Ausfälle Wagners gegen die Juden – die berühmt-berüchtigt-obskuren Schlusssätze der Schrift eine Art ‚Hoffnung' für die Juden aufscheinen, nämlich die Aussicht darauf, gemeinsam mit den Nicht-Juden „erlöst" zu werden:

> Nehmt rückhaltlos an diesem selbstvernichtenden, blutigen Kampfe teil, so sind wir einig und untrennbar! Aber bedenkt, dass nur Eines Eure Erlösung von dem auf Euch lastenden Fluche sein kann, *die Erlösung Ahasvers*: *Der Untergang!* [187]

In der Version von 1869 lautet der Textabschnitt, von der ersten Fassung aus dem Jahre 1850 abweichend und den Erlösungsbegriff noch stärker herausstellend:

> Nehmt rücksichtslos an diesem durch Selbstvernichtung wiedergebärenden Erlösungswerke teil, so sind wir einig und ununterschieden! Aber bedenkt, dass nur Eines eure Erlösung von dem auf Euch lastenden Fluche sein kann: Die Erlösung Ahasvers, der *Untergang!* [188]

Doch wenn dem so wäre, wie stellte sich Wagner eine „Erlösung" und damit das Aufgehen der Juden in einer völlig neu gestalteten Gesellschaft konkret vor? Folgt man diesem Interpretationsansatz des Schlusspassus, erscheint Wagner im Rollenbewusstsein eines auf seine eigenen utopischen Entwürfe zurückgreifenden Gesellschaftserneuerers. Aus Wagners Sicht könnte (!) der Begriff „Untergang" demnach die Aufhebung der gesellschaftlichen jüdischen Sonderexistenz durch eine kathartische Revolutionierung der gesamten Gesellschaft, wie sie Wagner vorschwebte, bedeuten. Hinter dem auch in Wagners Musikdramen ideell eminent bedeutenden Terminus „Erlösung" stünde demnach die poli-

---

[187] Wagner, *Das Judentum in der Musik* [1850], 77 (Hervorhebung im Original).

[188] Wagner, *Das Judentum in der Musik* [1869], 21 (Hervorhebung im Original).

tisch-gesellschaftliche Revolution, die ihre ‚poetologische' Entsprechung in der Ästhetik des Gesamtkunstwerks hätte. Gemäß dieser Auslegung ist für Wagner die Frage der Judenemanzipation, deren gesellschaftliche Implikation er zutiefst negativ beurteilt, hauptsächlich eine künstlerische: „Indem er die Juden auffordert, an dem ‚durch Selbstvernichtung wiedergebärenden Erlösungswerk' (also der Revolution) teilzunehmen, lädt er sie dazu ein, mit den Deutschen zusammen die in den *Kunstschriften* entwickelte Perspektive einer aktiv gestaltenden Kunst zu verwirklichen."[189]

Wäre unter Berücksichtigung der bisherigen Ausführungen und Reflexionen an diesem Punkt des Diskurses sozusagen von einer Wende zum Würdigen in Wagners Einstellung gegenüber den Juden zu sprechen? An Stringenz gewinnt jedenfalls diese soziologische Deutung, die auf Wagners Ideal vom „freien Menschen" und von einer demokratischen Kultur zurückgreift, angesichts Wagners Urteil über Ludwig Börne, das er kurz vor dem zitierten Schlusspassus abgibt:

> Noch einen Juden haben wir zu nennen, der unter uns als Schriftsteller auftrat. Aus seiner Sonderstellung als Jude trat er Erlösung suchend unter uns: er fand sie nicht und musste sich bewusst werden, dass er sie nur mit auch unserer Erlösung zu wahrhaften Menschen finden könnte. Gemeinschaftlich mit uns Mensch werden, heißt für den Juden aber zu allernächst so viel, als – aufhören, Jude zu sein: Börne hatte aufgehört, dies zu sein. Aber gerade Börne lehrt Euch, wie diese Erlösung nicht in Behagen und gleichgültig kalter Bequemlichkeit erreicht werden kann, sondern dass sie, wie uns, nur durch

---

[189] Bermbach 1998. Vgl. ferner Döhring u. Hartwich 1998. Hartwich weist darauf hin, dass die Erlösung des Judentums durch die Kunstreligion gerade in Wagners letztem Werk, dem *Parsifal*, behandelt werde. Laut Hartwich lassen sich wesentliche Elemente des *Parsifal* in der jüdischen Kabbala wiederfinden, was darauf hinweise, dass Wagner, der das Judentum als religiöse und gesellschaftliche Erscheinung bekämpft habe, an eine vollständige Integration des Judentums jenseits von religiösen, nationalistischen oder rassistischen Begriffen glaubte. Ob Wagner tatsächlich von der Kabbala beeinflusst war, bedarf indes einer genaueren Untersuchung. Umgekehrt verschränkte der jüdische, später konvertierte Philosoph Siegfried Lipiner, ein enger Freund Gustav Mahlers, die mythologischen Stoffe der Opern Wagners mit seinen eigenen Interessen an der Kabbala (vgl. Jütte 2009a).

Schweiß, Not und Fülle des Leidens und der Schmerzen zu erkämpfen ist.[190]

Darauf, dass sich der Schlusspassus in *Das Judentum in der Musik*, folgt man denn dieser Auslegung der Textstelle, durchaus mit Wagners Weltentwurf schlüssig verbinden lässt, weist Wagners frühe Schrift *Die Revolution* (1849) hin. Darin proklamiert die im Sinne einer Allegorie als „Göttin" verkörperte „Revolution":

> Ich bin das ewig verjüngende, das ewig schaffende Leben! Wo ich nicht bin, da ist der Tod! Ich bin der Traum, der Trost, die Hoffnung des Leidenden! Ich vernichte, was besteht, und wohin ich wandle, da entquillt neues Leben dem toten Gestein. Ich komme zu euch, um zu zerbrechen alle Ketten, die euch bedrücken, um euch zu erlösen aus der Umarmung des Todes und ein junges Leben durch eure Glieder zu ergießen. Alles, was besteht, muss untergehen, das ist das ewige Gesetz der Natur, das ist die Bedingung des Lebens, und ich, die ewig Zerstörende, vollführe das Gesetz und schaffe das ewig junge Leben. Ich will zerstören von Grund aus die Ordnung der Dinge, in der Ihr lebt, denn sie ist entsprossen der Sünde, ihre Blüte ist das Elend und ihre Frucht das Verbrechen; die Saat aber ist gereist, und der Schnitter bin ich. Ich will zerstören jeden Wahn, der Gewalt hat über den Menschen. Ich will zerstören die Herrschaft des Einen über

---

[190] Wagner, *Das Judentum in der Musik* [1850], 76 f. (Hervorhebungen im Original). Gutmann greift in seiner Rezension auch Wagners Aussage zu Börnes religiöser Konversion auf und deutet diese als lediglich pragmatischen Schritt. In seiner Entgegnung auf Wagners Anmerkungen zu Börne stellt Gutmann überdies ausdrücklich Börnes Aversion gegen „alle Judenfresser" heraus (1869, 12):

> Börnes gedenkt er (Wagner; A. S.) beifällig: „Er kam Erlösung suchend zu uns" und „er fand sie nicht." (Wagner scheint Letzteres daraus zu schließen, dass Börne später um die paar Dukaten gejammert, die er für seine Taufe gezahlt.)
> Nicht um „Erlösung zu wahrhaften Menschen" zu finden, ward Börne ein Christ; derartigen Firlefanz zu treiben hatte er keine Zeit; nein, um Erlösung vom deutschen Krämersinn zu finden; der „ewige Jude" war die Ursache: weil das Wort Jude der „unzertrennbare Schatten" aller Begebenheiten war, die ihn berührten. Um nicht behelligt zu werden, ward Börne Christ, wie viele deutsche Juden.
> Richard Wagner hüte sich übrigens, Börne Beifall zu klatschen. Diesem waren alle Judenfresser ein Gräuel; er hat sie schonungslos verfolgt und ihnen, wo er konnte, die hohlen Schädel eingeklopft.

die Andern, der Toten über die Lebendigen, des Stoffes über den Geist; ich will zerbrechen die Gewalt der Mächtigen, des Gesetzes und des Eigentums. Der *eigne* Wille sei der Herr des Menschen, die *eigne Lust* sein einzig Gesetz, die *eigne* Kraft sein ganzes Eigentum, *denn das Heilige ist allein der freie Mensch, und nichts Höheres ist denn Er.* […]

Zerstören will ich die bestehende Ordnung der Dinge, welche die einige Menschheit in feindliche Völker, in Mächtige und Schwache, in Berechtigte und Rechtlose, in Reiche und Arme teilt, denn sie macht aus allen nur *Unglückliche.* Zerstören will ich die Ordnung der Dinge, die Millionen zu Sklaven von Wenigen und diese Wenigen zu Sklaven ihrer eignen Macht, ihres eignen Reichtums macht. Zerstören will ich diese Ordnung der Dinge, die den Genuss trennt von der Arbeit, die aus der Arbeit eine Last, aus dem Genusse ein Laster macht, die *einen* Menschen elend macht durch den Mangel und den *andern* durch den Überfluss. Zerstören will ich diese Ordnung der Dinge, welche die Kräfte der Menschen verzehrt im Dienste der Herrschaft des Toten, des leblosen Stoffes, welches die Hälfte der Menschen in Tatenlosigkeit oder nutzloser Tätigkeit erhält, die Hunderttausende zwingt, ihre kräftige Jugend im geschäftigem Müßiggang als Soldaten, Beamte, Spekulanten und Geldfabrikanten der Erhaltung dieser verworfenen Zustände zu weihen, während die andere Hälfte durch übermäßige Anstrengung ihrer Kräfte und Aufopferung jedes Lebensgenusses das ganze Schandgebäude erhalten muss. Zerstören bis auf die Erinnerung daran will ich jede Spur dieser wahnwitzigen Ordnung der Dinge, die zusammengefügt ist aus Gewalt, Lüge, Sorge, Heuchelei, Not, Jammer, Leiden, Tränen, Betrug und Verbrechen, und der nur selten zuweilen ein Strom unreiner Luft, fast nie aber ein Strahl reiner Freude entquillt. Zerstört sei Alles, was Euch bedrückt und leiden macht, und aus den Trümmern dieser alten Welt erstehe eine *neue*, voll nie geahnten Glückes. Nicht Hass, nicht Neid, nicht Missgunst und Feindschaft sei fortan unter Euch, als *Brüder* sollt Ihr *alle*, die Ihr da lebt, Euch erkennen, und frei, frei im Wollen, frei im Tun frei im Genießen, sollt Ihr den Wert des Lebens erkennen. Darum auf, ihr Völker der Erde! Auf, Ihr Klagenden, Ihr Gedrückten, ihr Armen! Auf auch Ihr Anderen, die Ihr mit einem Glanze der Macht und des Reichtums vergeblich die innere Trostlosigkeit Eures Herzens zu umkleiden strebt! Auf! folgt in buntem Gemische meiner Spur, denn keinen Unterschied weiß ich zu machen unter denen, so mir folgen. Nur zwei Völker noch gibt es von jetzt an: das eine, welches mir folgt, das andere, welches mir widerstrebt. Das eine führe ich zum Glücke, über das andere schreite ich zermalmend hinweg, denn ich bin die *Revolution*, ich bin das ewig schaffende Leben, ich bin der einige Gott, den alle Wesen erkennen, der Alles, was ist, umfasst, belebt, und beglückt![191]

In der 1869er Fassung von *Das Judentum in der Musik* weist Wagner der Gräfin Muchanov gegenüber sogar ausdrücklich auf die von ihm intendierte Lesart hin:

> Vielleicht lag es aber doch auch meinem Gefühle nahe, eine hoffnungsreiche Annahme noch damit zu verbinden: dies enthüllt Ihnen die Schlussapostrophe des Aufsatzes, mit welcher ich mich an die Juden selbst wende.
>
> Wie nämlich von humanen Freunden der Kirche eine heilsame Reform derselben durch Berufung an den unterdrückten niederen Klerus als möglich gedacht worden ist, so fasste auch ich die großen Begabungen des Herzens wie des Geistes in das Auge, die aus dem Kreise der jüdischen Sozietät mir selbst zu wahrer Erquickung entgegengekommen sind. Gewiss bin ich auch der Meinung, dass Alles, was das eigentliche deutsche Wesen von dorther bedrückt, in noch viel schrecklicherem Maße auf dem geist- und herzvollen Juden selbst lastet. Mich dünkt es, als ob ich damals Anzeichen davon wahrnahm, dass meine Anrufung Verständnis und tiefe Erregung hervorgerufen hatte. Ist Abhängigkeit in jeder Lage ein großes Übel und Hindernis der freien Entwicklung, so scheint die Abhängigkeit der Juden unter sich aber ein knechtisches Elend von alleräußerster Härte zu sein. […][192]

In diesem Zusammenhang ist auch Cosima Wagners Tagebucheintrag vom 7. März 1872 von Interesse. Darin heißt es:

> Es kommen Briefe, unter andrem ein sehr merkwürdiger von Josef Rubinstein[193], beginnend: „Ich bin Jude", und nach Erlösung durch

---

[191] Wagner, *Werke, Schriften und Briefe*; *Sämtliche Schriften und Dichtungen*, XII, 246–249 (Hervorhebungen im Original).

[192] Wagner, *Das Judentum in der Musik* [1869], 39.

[193] Die Rede ist vom russisch-jüdischen Pianisten Josef (Joseph) Rubinstein (1847–1884), der 1872 Kontakt zu Wagner aufnahm und diesem nach Bayreuth folgte, wo er als Begleiter und Hausgenosse der Familie Wagner mit Wagner und Franz Liszt künstlerisch zusammenarbeitete und als Korrepetitor an den Vorbereitungen der Festspiele beteiligt war. All dies bewahrte ihn jedoch nicht vor antisemitischen Anwürfen seitens Richard Wagners, wie Cosima Wagners Tagebucheintrag vom 14. August 1872 zeigt:
> Wie wir über das Spiel Josef Rubinsteins sprechen, sagt R[ichard]., es sei merkwürdig, wie die Juden eigentlich kein Thema heraushören noch

Mittätigkeit an der Aufführung der Nibelungen verlangend. R[ichard]. antwortet ihm sehr freundlich.[194]

An Karl Tausig richtete Wagner im April 1869 einen Brief, in dem er mit Nachdruck festhält:

Deine Versicherung: alle Juden seien mir versöhnt, hat natürlich auch ihre Wirkung auf mich gemacht. Es wäre wirklich nicht übel, wenn von gescheiten und geistvollen Juden meine Broschüre *nur eigentlich ordentlich gelesen würde*, aber lesen scheint jetzt kein Mensch mehr zu können. Einzig aus Wien bekam ich von einem jungen Literaten einen Brief, der mir bezeugte, dass überhaupt noch gelesen werden kann. Dieser fand das Charakteristische meiner Schrift in deren kontemplativer Eigentümlichkeit ausgedrückt. Selbst ich muss mir, wenn ich sie wieder durchlese, das Zeugnis geben, dass mit mehr objektiver Ruhe wohl nie jemand noch die Geschichte einer so unerhörten Verfolgung und ebenso ausgebeuteten als unablässigen Herabsetzung, wie sie mir widerfahren ist, dargestellt und besprochen hat. Natürlich hätte ich alles über mich ergehen und stets schweigen müssen, wenn ich den Grund jener Verfolgung nicht aufdeckte. Dies war durch keinerlei Umschreibung zu tun, mit welcher ich eben gegenwärtig meine Gesinnungen über das Judentum (was ich eben so nenne) als mir eigen auszusprechen gehabt hätte, was ich nun gar nicht im Sinne hatte, da ich es auf einen Kampf hingegen (als durchaus unnütz) gar nicht absehen konnte. Ich musste also einfach das (für mich so verjährte) *corpus delicti* abdrucken lassen, um die ganze unerhörte Geschichte darstellen und erklären zu können. Dieses alte

---

spielen, er erinnere sich, dass Levy (ein Hornist; A. S.) in Dresden (nicht der Wiener) den ganzen Holländer durchgespielt habe, ohne das Thema des Holländers zu erkennen (Wagner, Cosima: *Die Tagebücher*, I, 561. In: Wagner, *Werke, Schriften und Briefe*, 35079).
Ein ähnlicher Tenor ist Cosima Wagners Erinnerungen vom 29. Dezember 1874 zu entnehmen:

Musik-Abend, Rubinstein rühmt das Harfenquartett (Beethovens op. 74; A. S.), welches er in Wien von Hellmesberger gehört hat, wir nehmen es vor und können, außer im Scherzo, *unseren* Beethoven nicht erkennen, R[ichard]. macht mich darauf aufmerksam, wie die Juden das Volkstümliche nicht empfinden, es also auch in Beethoven nicht erkennen und lieben. Wagner, Cosima: *Die Tagebücher*, I, 873. In: Wagner, *Werke, Schriften und Briefe*, 34845).

[194] Wagner, Cosima: *Die Tagebücher*, I, 497. In: Wagner, Werke, Schriften und Briefe, 34845.

Stück noch einmal zu sehen, mag für viele – und namentlich gänzlich unschuldige – sehr schmerzlich gewesen sein; es hätte mir erspart und diesen erspart werden können, wenn der *latente* Erfolg jenes Artikels endlich auch auf jener Seite sich verloren hätte. Ich erwartete dies lange Zeit, aber die unerhörten Unverschämtheiten der Wiener Presse bei Gelegenheit der „Meistersinger", die fortgesetzte freche Lügenschneiderei über mich, und die wahrhaft zerstörenden Erfolge hiervon, haben mich endlich, da ich durch eine Frage hierüber veranlasst war, zu meinem rücksichtslosen Schritte bestimmt. Ich habe aber nun einem wirklich geistvollen Juden alles an die Hand gegeben, dieser ganzen Frage eine große und gewiss segensreiche Wendung, sich selbst aber eine höchst bedeutende Stellung zu unsrer wichtigsten Kulturangelegenheit zu geben. *Ich weiß, es muss ein solcher da sein; wagt er nun nicht zu tun, was seine Sache ist, so muss doch ich wieder über alle Maßen traurig Recht haben, wenn ich das Judentum – namentlich aber das moderne deutsche Judentum – so bezeichne, und so bezeichnet lasse, als das von mir geschehen ist.* Aber Mut muss man haben, nicht bloß Frechheit, denn mir ist's Ernst um die Sache. – Sagst Du mir nun, der „Lohengrin" habe mir die Juden versöhnt, so vernehme ich darin eigentlich nur, dass meine Broschüre als eine Übereilung angesehen und als solche mir verziehen wird. Damit ist mir nichts recht Tröstliches gesagt. *Gutmütigkeit habe ich gerade auch von Juden schon ungemein viel erfahren.* Courage soll Einer haben, dann will ich mich freuen![195]

Und schließlich ist eine von Cosima Wagner nur parenthetisch vermerkte Aussage Wagners vom 22. November 1878 überliefert, die geradezu merkmalhaft dessen disparate Haltung gegenüber der sozialen Integration der Juden in die deutsche Gesellschaft dokumentiert:

(R[ichard]. sagte gestern: Wenn ich noch einmal über die Juden schriebe, würde ich sagen, es sei nichts gegen sie einzuwenden, *nur* seien sie zu früh zu uns Deutschen getreten, wir seien nicht fest genug gewesen, um dieses Element in uns aufnehmen zu können).[196]

---

[195] Wagner, *Werke, Schriften und Briefe*; *Sämtliche Schriften und Dichtungen*, XVI, 102 f.

[196] Wagner, Cosima: *Die Tagebücher*, II, 236 f. In: Wagner, *Werke, Schriften und Briefe*, 38463 (Hervorhebung: A. S.). Drei Tage später, am 25. November 1878, vermerkte Cosima Wagner: „[…] und sein Urteil über die Juden zusammenfassend, sagt er: ‚Wenigstens sind sie ein Menschenalter zu früh bei uns emanzipiert worden.'" (Ebd. 240 bzw. 38472.)

Versucht man, Wagners politische Arbeit und seine kultur- ebenso wie sozialrevolutionären Überlegungen und Bestrebungen mit deren Sublimierung in den Musikdramen zusammenzudenken und zu beurteilen, so bietet sich ein bemerkenswert stichhaltiger Befund des deutschen Schriftstellers und Wagner-Biographen Martin Gregor-Dellin an. Dieser konstatiert in seiner Monographie *Richard Wagner. Sein Leben. Sein Werk. Sein Jahrhundert*:

> Wagners System rangiert – wohl nicht intellektuell, aber im Anspruch – im 19. Jahrhundert neben den Gedankengebäuden von Hegel und Marx. Der Künstler steuerte zu Philosophie und Ökonomie sein geschlossenes System bei. In der die Kunst und die Gesellschaft umgreifenden Einheit seines Konzepts bot er damit das abschließende Glied einer *Kulturrevolution*[197], deren Scheitern allerdings von Anfang an programmiert war wie die Spekulation Wotans auf Entsühnung der Welt durch ein freies Geschlecht: er plante nämlich ohne den Menschen.

An dieser Stelle sei abschließend Joachim Fests Befund zitiert, der seine Deutung des umstrittenen Schlusspassus in Wagners *Das Judentum in der Musik* folgendermaßen zusammenfasst (2000, 34 f.):

> Selbst der berühmte Satz von der „Erlösung Ahasvers", mit dem der Essay über „Das Judentum in der Musik" schließt, meint nichts anderes als die Aufhebung der gesellschaftlichen Sonderrolle der Juden durch die Umgestaltung der Verhältnisse: Erst die Revolution hebt die Gegensätze von Juden und Nichtjuden in der künftigen „ästhetischen Weltordnung" auf, aus der die einen wie die anderen „einig und ununterschieden", wie es heißt, hervorgehen werden. Von diesem Ausgangspunkt her hat er im Jüdischen überwiegend eine Sache des vorrevolutionären Denkens gesehen, gewiss jedenfalls nicht ein biologisches Faktum, sondern ein Krankheitssymptom der materiellen Zivilisation; erst wenn sie überwunden sei, verliere das Judentum seine dämonische, zum Untergang treibende Kraft.

[197] Darauf, dass sich bei Wagner, folgt man abermals der Terminologie Pierre Bourdieus, das Feld der Kunst und jenes der Macht überlappten, weist Wagners Nähe zu König Ludwig II. hin. Dabei ging es keineswegs ‚nur' um Gönnerschaft und (finanzielle) Förderung des Künstlers durch den König von Bayern. Vielmehr erhoffte sich Wagner als Akteur auf dem Feld der Kunst wie auch auf jenem der Macht mit der Unterstützung Ludwigs II. eine „Kulturrevolution von oben" (so der deutsche Schauspieler Edgar Selge in einem Fernsehinterview anlässlich des Films „Ludwig II." aus dem Jahre 2012).

Denn was ist das für eine Menschheit, die, mag sie nun kommunistisch heißen, Reformkleidung tragen oder sich gar um das Kunstwerk der Zukunft scharen, einer monolithischen Ideologie oder einem schönen Programm zuliebe wesentliche Bereiche ihres Daseins verkümmern lassen muss? Verkappte Religionen verheißen allemal einen Zustand, in dem sich der Mensch nicht etwa wohler befinden, sondern sich in einen Idealmenschen verwandeln soll. Der Kampf aller Ideologen dieser Art, auch der Kampf des Zukunftskünstlers Richard Wagner, geht nicht um das Glück oder um den durch Kunst zu bereichernden, die Fülle des Lebens genießenden, freien Menschen, sondern um Begriffe, die erst aufgehen, wenn der Mensch sich ihnen anpasst. Die Verwirklichung der Utopie setzt einen Verzicht voraus: ein reduziertes Leben, in dem sich die Bedürfnisse vermindert haben. Verzicht auf Bedürfnisse: das klingt wieder sehr modern und aktuell. Aber worauf, wofür und warum soll der Mensch verzichten? Auf das, was er anderen wegnimmt? Damit mehr Menschen eines größeren Glückes teilhaftig werden? Es ist nicht wahr. Wer gewinnt etwas, wenn auf absolute Musik, Sprechbühne und Tanz, bunte Bilder und Unterhaltung verzichtet wird? Aus dem neuen Menschen wird, einer Fiktion wegen, nur der halbe Mensch. Immer geht ein Stück Freiheit verloren.

Der Zwang zum „geschlossenen System", dem alle Geheimlehren, Ersatzreligionen und Weltbeglückungs-Ideologien unterliegen, erzeugt ein Überlegenheitsgefühl gegenüber all denen, die nicht vom Blitz der Erkenntnis getroffen sind. Das System teilt die Welt in Eingeweihte und Nichteingeweihte. Es verursacht die unerträgliche Besserwisserei derjenigen, die eingeweiht sind. Man konnte mit Richard Wagner nicht reden, es sei denn, man gehörte zu den Eingeweihten. Er war ein liebenswürdiger Mensch, er konnte selbstlos sein und sich auf rührende Weise um seine Freunde sorgen, aber von einer anderen Position aus gab es mit ihm keine Verständigung. Seiner Verkündigungswut entsprach die Unduldsamkeit, die nicht nur durch die natürliche Blindheit des Genies gegenüber allem ihm nicht Zugehörigen zu erklären ist.[198]

[198] Gregor-Dellin 1980, 343 f. In: Wagner, *Werke, Schriften und Briefe*, 50438–50440 (Hervorhebung im Original).

Ein weiteres Element seines Antisemitismus ist Wagners Überhöhung der nordisch-germanischen Mythologie – angereichert mit einer geradezu pervertierten christlichen Dogmatik. Ohnehin galt Wagner schon zu seiner Zeit als einer der Brennpunkte deutscher Kultur. In den Wiener deutschnationalen Studentenkreisen etwa gerieten die Trauerfeierlichkeiten anlässlich seines Todes 1883 zu pangermanischen, antisemitischen Kundgebungen. „Völkische" Ideen waren allgegenwärtig, und gerade Wagners Darstellung der mythischen Germanenwelt nährte sie und schien ihre Träger zu bestätigen. Neben Wagners deutschnationaler Einstellung war es primär dieses Merkmal seines Oeuvres, das später Hitler und die Nationalsozialisten besonders faszinierte und das für die nationalsozialistische Ideologie in Dienst genommen wurde.[199]

Nicht von ungefähr fand *Das Judentum in der Musik* als eine „völkische Bekenntnisschrift" im „Dritten Reich" große Verbreitung. Vor allem aber interessierte sich Hitler für Wagners Ästhetisierung der Politik, die er dann seinerseits zum Regierungsstil erhob. Darauf weisen nicht zuletzt die Behauptungen hin, dass Hitler aus Deutschland eine „Wagner-Oper" gemacht (so Carl von Ossietzkys Äußerung in der Wochenzeitschrift *Weltbühne* vom 21. Februar 1933) und dass er in Wagners Werk die Legitimation seines Totalstaates gesehen habe.[200]

---

[199] Der Einsatz unterschiedlicher „nationalästhetizistischer" Strategien zeigt sich etwa daran, dass Wagner die Kunst im „Mythos" eines „Volkes" suchte, während beispielsweise Joseph Goebbels die Kunst im „Leben des Volkes" sah. Der sowjetische Regisseur Sergei Eisenstein (Sergej Ėjzenštejn) wiederum erhob Goebbels gegenüber den Vorwurf, dieser mache sich zum „Demiurgen" eines Volkes, anstatt diesem Volk die eigene Entfaltung zu überlassen (ähnliche Einwände hatte notabene Nietzsche gegen Wagners Verbindung von Ästhetik und Politik, vgl. Seljak 2012b, 121) (Thomä 2006, 126 u. 133; Zitate ebd.).

[200] Der während des Nationalsozialismus von oben verordnete Wagner-Kult ließ den Regisseuren in Deutschland wenig Spielraum und zwang sie zu ‚traditionalistischer Werktreue': „Naturnähe" war bei den Inszenierungen Pflicht. „Experimente und Stilkunststücke" sowie „jede bloß äußerlich modernisierende Erneuerung" hatte man dagegen zu unterlassen. „Abstrakte Formen, bartlose Helden, Außerachtlassen naturalistischer Einzelheiten – das alles verbietet sich hier von selbst", hielt Emil Preetorius, der Bühnenbildner des Bayreuther *Rings* von 1933, fest (Thomä 2006, 24, zitiert nach ebd.).

Und schließlich fand Hitler auch den Volksgedanken, den er zur Legitimation seiner Partei brauchte, bei Wagner, wodurch dessen Opern zu einem emotionssteigernden Mittel avancierten, um die „Volksgenossen" zu mobilisieren. Dass etwa der berühmte „Walkürenritt" aus der *Walküre* (analog zu Franz Liszts *Les Préludes*; 1854) zur Begleitmusik nationalsozialistischer Kriegsberichterstattung wurde, ist lediglich ein besonders auffälliger Beleg dafür, dass Wagners Werk „in eine geschlossene ideologische Offensive"[201] integriert wurde.[202]

---

[201] Thomä 2006, 35.

[202] Ein diesbezüglich interessantes Theorem formuliert Žižek (2004, 23 f.), der die Frage nach dem „Proto-Faschismus" bei Wagner bzw. nach dem „Proto-Faschisten" Wagner an dessen *Parsifal* überprüft (vgl. hierzu auch Seite 19 der vorliegenden Untersuchung). Žižek zufolge sollte an die Stelle der althergebrachten Suche nach „proto-faschistischen" Elementen bei Wagner vielmehr eine neue Deutung des *Parsifal* treten, der in die Tradition radikaler revolutionärer Parteien einzuschreiben sei. Ferner weist Žižek auf den seiner Ansicht nach engen Zusammenhang zwischen dem *Parsifal* und dem *Ring* hin, indem er die Bedeutung der Figur Hagens hervorhebt und die ödipale Implikation des in der heidnischen Welt des *Rings* ausgetragenen Familienkonflikts gegen das Moment der Erlösung und des „postödipalen Universums" im *Parsifal* spiegelt: Mit seiner großen Wandlung (nämlich der Zurückweisung Kundrys) lasse Parsifal, so Žižek, die ödipale inzestuöse Erotik (!) hinter sich und sei dadurch für eine neue Gemeinschaft bereit:

> Wagner a proto-Fascist? Why not leave behind this search for the „proto-Fascist" elements in Wagner and, rather, in a violent gesture of appropriation, reinscribe *Parsifal* in the tradition of radical revolutionary parties? Perhaps, such a reading enables us also to cast a new light on the link between *Parsifal* and *The Ring*. *The Ring* depicts a pagan world, which, following its inherent logic, MUST end in a global catastrophy (sic); however, there are survivors of this catastrophy (sic), the nameless crowd of humanity which silently witnesses God's self-destruction. In the unique figure of Hagen, *The Ring* also provides the first portrait of what will later emerge as the Fascist leader; however, since the world of *The Ring* is pagan, caught in the Oedipal family conflict of passions, it cannot even address the true problem of how this humanity, the force of the New, is to organize itself, of how it should learn the truth about its place; THIS is the task of *Parsifal*, which therefore logically follows *The Ring*. The conflict between Oedipal dynamics and the post-Oedipal universe is inscribed within *Parsifal* itself: Klingsor's and Amfortas' adventures are Oedipal, then what happens with Parsifal's big turn (rejection of Kundry) is precisely that he leaves be-

Laut Friedländer wird die Widersprüchlichkeit von Wagners Antisemitismus – und damit auch der Widerspruch zum Vernichtungsantisemi-
tismus – in seinem letzten Werk, dem *Parsifal*, derart deutlich, dass
Wagners Einfluss auf Hitler und den Nationalsozialismus insgesamt differenziert betrachtet werden müsse: Hitler erhob Wagner zwar zu einer,
ja zu *der* Kultfigur des „Dritten Reiches" schlechthin, bezog sich dabei
aber an keiner einzigen Stelle auf Wagners antisemitische Theorien.
Dass Hitler sich nie über den Antisemiten Wagner, sondern stets nur
über den Künstler Wagner äußerte, weist ferner darauf hin, dass der Titel
von Wagners Autobiographie *Mein Leben* Hitlers *Mein Kampf* inspiriert
haben könnte.[203]

In Stellungnahmen gegen den Marxismus (nicht aber gegen die Juden) wurde Wagner jedoch durchaus zitiert, was offenbar mit der ideologischen Heterogenität seines Werks und der damit verbundenen Möglichkeiten unterschiedlicher Auslegungen zusammenhängen dürfte.
Friedländer weist ferner darauf hin, dass das letzte Wort der Schrift *Das
Judentum in der Musik* zwar den „Untergang" fordere, diese Formel jedoch so mehrdeutig sei, dass sie auch von Hitler nicht instrumentalisiert
werden konnte.

Dinah Porat[204] zufolge ermöglichte es die Tatsache, dass Wagner sich
im Hinblick auf die Judenfrage oft sehr mehrdeutig geäußert hatte, Hitler, sich für seinen eigenen Antisemitismus jener Elemente aus Wagners
Werk zu bedienen, die ihm opportun erschienen. Für Hitler war Wagner,
wie gesagt, zunächst eine künstlerische und ästhetische Erfahrung bzw.
Instanz und damit eine kulturelle Größe. Politisch relevant wurde Wagners Kunst für Hitler in dem Augenblick, als er in Wagner einen ‚kulturellen Trommler' sah, so wie er sich selbst zum ‚politischen Trommler'
stilisierte. Indem sich Hitler etwa mit Rienzi identifizierte, dem Volkstri-
bun aus Wagners gleichnamiger Oper (1838/1840), instrumentalisierte er
Wagners Werk und destillierte aus ihm das Gefühl der Erwähltheit für
die politische Aufgabe der Reichsführung heraus.[205]

---

hind the Oedipal incestuous eroticism, opening himself up to a new
community. (Ebd. Hervorhebungen im Original.)

[203] Vgl. Friedländer 2000 u. 1998, Porat 1998 u. Kneif 1975, 130.

[204] Porat 1998.

[205] Vgl. Pumpe 2007, 335 f.; Jütte 2009a; Schad 2006, 102; Thomä 2006, 35;
Szeemann (Hg.) 1983, 165; Kneif 1975, 126 f. In einem vom Dramaturgen
András Siebold am 16. Januar 2005 aufgezeichneten und in der Folge be-
rechtigterweise höchst kontrovers rezipierten Gespräch zwischen dem

Die schwedische Historikerin Barbro Eberan geht in ihrer Dissertation über die in der publizistischen Öffentlichkeit ausgetragene Nachkriegsdebatte um die (ideologische) Schuldfrage u. a. der Bedeutung Wagners für Hitler, das nationalsozialistische Terrorregime und damit auch für die Entfesselung des Zweiten Weltkrieges nach.[206] Ihr Befund in Bezug auf Wagner ist vielschichtig und bringt jenen Problemkomplex auf den Punkt, der bis heute unauflösbar zu sein scheint:

> Bei der überragenden Bedeutung Wagners für Hitler persönlich und das „Dritte Reich" überhaupt überrascht die relativ bescheidene Rol-

---

deutschen Künstler Jonathan Meese und Slavoj Žižek äußert sich Žižek wie folgt über Wagners Bedeutung im „Dritten Reich":

> [...] there's also an interesting book on Wagner from the Third Reich, which I read in English*, where it's shown that Wagner was Hitler's personal obsession but that it just wasn't popular in the Nazi movement. It's also an interesting detail that during Nazi rule there were noticeably fewer presentations of Wagner's operas in the years following 1933. The winners of the Nazi regime were Puccini and Verdi. There were even crazy Nazi musicologists who tried to prove that Verdi was German. His name was even changed to Josef Grün. *Nabucco* by Joseph Grün! In 1933 there was a huge scandal when, during an obligatory *Meistersinger* performance, the entire Nazi leadership wasn't interested in it and choose not to go, and Hitler, for the following year, gave an order that all Nazi functionaries had to attend the premiere. During the premiere they all fell asleep and began to snore. Wagner wasn't popular in the actual Nazi movement, for them Bayreuth was like a homosexual, decadent art temple, a symbol for a decadent, bourgeois artistic society — totally unpopular. It's also interesting that Hitler's favorite opera wasn't *Lohengrin* or *Meistersinger* but *Tristan*! Even as a boy Hitler had seen in a season almost all the performances of *Tristan*. When he got out of jail, where he had written *Mein Kampf*, the first thing he asked once home, was for a friend to act the Liebestod. *Parsifal* was, by the way, just not performed. There are two theories as to why. The first comes from the influential English thinker and Wagnerian John Deathridge, who says that *Parsifal* was too pacifist. The second comes from the assumption that Hitler wanted to save *Parsifal* in reserve for a super-Parsifal after the great victory. (http://www.the-wagnerian.com/2012/08/what-jonathan-meeses-bayreuth-parsifal.html (letzter Abruf am 13. März 2013; Hervorhebungen: A. S.).

> * Den Titel des besagten Buches nennt Žižek nicht.

[206] Vgl. Eberan 1985, 136–139.

le, die Wagner in der Schuld-Debatte spielte,[207] und vor allem die verhältnismäßig schonende Behandlung, die ihm widerfuhr. Zwar fehlten keineswegs Stimmen, die darauf hinwiesen, dass mit seinem Werk alles legitimiert wurde, das der Nationalsozialismus geliebt habe: das Theatralische, das Maßlos-Riesenhafte, die ins Heldenhafte hochstilisierte germanische Mythologie, das Irrational-Emotionale, die Mischung von Uralt-Heidnischem, Völkisch-Rassischem und Intuitiv-Genialem. Von einem Gegenmythos konnte jedoch auch im Ausland kaum die Rede sein, obwohl die ersten Aufführungen seiner Werke nach dem Krieg mancherorts, wie in der Mailänder Scala, von Tumultszenen begleitet waren.

Die umfassendste Kritik gegen Wagner kam aus dem katholischen Lager, wo er als Romantiker angeprangert wurde, als Vertreter des verschwommenen und vernebelten deutschen Geistes, der mit übersteigertem Pathos die Schwächen übertäube, „die vom deutschen Volk germanische Kräfte" genannt würden. Wagners Musik, so Toni Bludenz in der (Zeitschrift; A. S.) BESINNUNG, [...] sei das Opium, „mit dem der Hitlerismus eingeschmuggelt" worden sei. [...] Wagner habe daher entscheidenden Anteil an dem Absterben des Gefühls von Klarheit im deutschen Volk.[208]

Auch im marxistischen Lager wurde, so Eberan weiter, Wagner „scharf angeprangert als reaktionärer Antisemit, als geliebtes Kind des Großbürgertums, als Verführer zur Weltflucht":

In Wagners Musik, so Ernst Niekisch im AUFBAU, erklängen die verführerischen Lockungen unterirdischer Triebgewalten. Seine Dramen seien ‚Erregungszustände des Weltwillens': Ablenkung, Verwirrung, Verwahrung des reaktionären Kleinbürgers, ‚der dem Leben gram ist, weil es ihn kurz hält und in Zukunft noch kürzer zu halten droht'. [...] Dieser Wagner habe genau begriffen, wie man den „Willen" der „unteren Massen" zu behandeln habe, um sie in die Hand des Führers zu bringen: die Regeln der Massenbehandlung in Noten gesetzt – autoritative, cäsaristische Demagogie. Seine Musikdramen seien somit „die großen Ouvertüren des Dritten Reiches".[209]

In den ostzonalen Zeitschriften wurde Wagner nach Kriegsende dagegen nicht durchweg derart negativ beurteilt. So feierte man ihn etwa

---

[207] Als Ursache hierfür vermutet Eberan, allerdings mit einem Fragezeichen versehen, „Berührungsängste" (Eberan 1985, 138).

[208] Eberan 1985, 136 f. Großschreibung im Original.

[209] Ebd. 137. Großschreibung im Original.

im Studentenorgan *Forum* als Märzkämpfer der Revolution von 1849, als steckbrieflich gesuchten und erst mehr als ein Jahrzehnt später amnestierten Flüchtling, „den die Erkenntnis, dass ein neues Menschentum und eine neue Kunst nur aus einer Neuordnung des Staates hervorgehen könne, zum Revolutionär hatte werden lassen." Selbst im *Aufbau* wurde, ungefähr ein halbes Jahr nach Niekischs vernichtendem Urteil, mit der Aussage eine Revision gefordert, dass, so Erwin Kroll, es nicht angehe, Wagner einfach zum „Ahnherrn des Faschismus" zu stempeln. Der als „Opiumschmuggler des Nationalsozialismus" denunzierte Wagner ließe sich als Mensch, Denker und Künstler nicht auf eine Formel bringen: für jede kritische Rüge fände sich auch der schlüssige Gegenbeweis. Wagners Kunst dürfe man für die Fehldeutungen Hitlers nicht verantwortlich machen.[210]

Thomas Mann, dessen Verhältnis zu Wagner – eine „Liebe mit schlechtem Gewissen"[211] – bis heute unterschiedlich ausgelegt wird, brach diesbezüglich eine Lanze für Wagner und betrachtete ihn – in einer Reihe mit Goethe, Schopenhauer und Nietzsche – als Repräsentanten eines europäischen, eines demokratischen Deutschlands, „mit dem sich", so Manns Fazit in der Zeitschrift *Sammlung*, „leben lässt, das der Welt nicht Furcht, sondern Sympathie erregt, weil es teil hat an der demokratischen Menschheitsreligion, von der das moralische Leben des Abendlandes letztlich bestimmt ist, und die gemeint ist, wenn wir das Wort ‚Zivilisation' sprechen"[212].

Carl Gustav Jung vertrat eine ähnliche Linie wie Mann. Seine Deutung lässt sich auf die Formel bringen, dass Wagner ein verführerischer und zugleich missverstandener Prophet gewesen sei: Macht, materieller Besitz und nationaler Hochmut hätten, so Jung, im Zuge einer verhängnisvollen Entwicklung nach der Reichsgründung von 1871 das Volk dazu gebracht, „seine Propheten zwar nachzuahmen und wörtlich zu nehmen, aber nicht zu verstehen"[213].

Aus dem Kreise der Wagner-Anhänger wurden dezidiertere Argumente zur Entkräftigung des Vorwurfs, Wagner sei als Vorbereiter des Nationalsozialismus zu betrachten, in die Auseinandersetzung während der unmittelbaren Nachkriegszeit eingebracht. Manche Erklärungsversuche beruhten auf dem Postulat, dass der Künstler das Recht habe,

---

[210] Eberan 1985, 137.
[211] Ebd. 138.
[212] Ebd.
[213] Zitiert nach ebd.

Kunst zu schaffen, ohne dabei auf politische oder gesellschaftliche Implikationen achten zu müssen. Als „verspielteste und ‚lebensfernste' der Künste" ließe sich überdies die Musik nicht derart leicht „bestimmten gesellschaftlichen Zuständen und Situationen zuordnen wie beispielsweise die gegenständlich bildenden und redenden Künste. Aus diesem Grunde entziehe sich, so eine prominente Rechtfertigung, die Musik dem Zugriff moralischer Wertungen. – Indes: Wagner war nicht nur Musiker, sondern auch „Sprachschöpfer, Dramatiker, Bühnenkünstler und ‚Magier'" in Personalunion.[214] Waren und sind angesichts dieser Rollen-Verschränkung bzw. Rollen-Vielfalt moralische Werturteile nicht doch opportun?

* * *

Der späte Wagner wandte sich zunehmend vom tagespolitischen Antisemitismus ab und einem sehr persönlichen Antisemitismus zu, der im Rahmen der „Regenerationslehre" ins Allgemeine und Philosophische erhöht wurde. Insofern ist die oft zitierte Abkehr Wagners vom Antisemitismus in erster Linie als eine Kritik ‚am vulgären Bierkneipen-Antisemiten' der 1870er und 1880er Jahre zu lesen, nicht aber als grundsätzliche Kehrtwende in seinem Verhältnis zu den Juden.[215] So lehnte er beispielsweise, wie der Tagebucheintrag Cosima Wagners vom 7. April 1873 zeigt, entschieden den Vorschlag ab, durch Mischehen die Integration der Juden zu fördern:

R[ichard]. geht mit den Freunden zum Theater, das Gedon sehr schön auch findet. Zu Mittag die beiden Professoren, der Bürgermeister und der Dekan, welcher uns eine schöne Anrede an die drei „Zukunftsmänner", wie er R[ichard]. und die jungen Freunde nennt, [hält], – was ihnen beschieden ist in Leid und Freud. Sehr ergreifend. Streit zwischen ihm und R[ichard]. über die Juden; der Dekan meint, gemischte Ehen seien die Lösung des Problems, R[ichard]. behauptet: Dann würde es keine Deutschen mehr geben, das deutsche blonde Blut sei nicht kräftig genug, um dieser „Lauge" zu widerstehen, wir sehen ja, wie die Normannen und Franken zu Franzosen geworden seien, und das jüdische Blut sei noch viel korrosiver als das romanische. Er, R[ichard]., habe nur noch eine Hoffnung, dass „die Kerle" so übermütig würden, dass sie keine Mesalliance mehr mit uns ein-

---

[214] Eberan 1985, 139.
[215] Vgl. Fischer 2000a, 50; Fischer 1998.

gingen, womöglich auch die deutsche Sprache aufgäben, wir würden dann hebräisch lernen, um gut fortkommen zu können, blieben aber Deutsche. Mit diesem Scherz wird dieses Gespräch geschlossen.[216]

Ferner plädierte er Cosima Wagners Tagebucheintrag vom 11. Oktober 1879 zufolge gar für die Ausweisung der Juden aus dem Deutschen Reich: „[…] ich lese eine sehr gute Rede des Pfarrers Stoecker über das Judentum. R[ichard]. ist für völlige Ausweisung. Wir lachen darüber, dass wirklich, wie es scheint, sein Aufsatz über die Juden (*Das Judentum in der Musik*; A. S.) den Anfang dieses Kampfes gemacht hat."[217]

Bereits neun Jahre zuvor, am 27. September 1870, hielt Cosima Wagner in ihren Aufzeichnungen eine Äußerung Wagners fest, die die Kontinuität und Entschiedenheit seiner Haltung verdeutlicht: „R[ichard]. sagt: ‚Dass dem Juden nichts an Form und Bildung des Deutschen Reiches liegt, dass er dagegen das Kosmopolitische gern aufbringen möchte, wissen wir.'"[218] Als dann kurz darauf das Deutsche Kaiserreich im Anschluss an den Deutsch-Französischen Krieg von 1870/71 gegründet wurde und eine neue territoriale, vor allem aber nationalpolitische Situation vorlag, sah sich Wagner in seinen Überzeugungen hinsichtlich der jüdischen Assimilationsbestrebungen bestätigt. Bezeichnend hierfür ist Cosima Wagners Tagebucheintrag vom 25. Mai 1872:

> R[ichard]. ruht sich etwas aus, wir besprechen wiederum die jüdische Frage, da die israelitische Vertretung des Berliner Wagner-Vereines uns sehr unangenehm berührt hat; R[ichard]. sagt: Er hoffe doch noch, dass diese ganze Erscheinung eine Krankheit sei, die auch verschwinden werde, da die Amalgamierung etwas Unmögliches sei und wir doch nicht denken könnten, dass die Deutschen von den Juden unterjocht würden, unsre Waffentaten zeigten uns zu stark.[219]

Wagner war davon überzeugt, dass sich die Juden auch in wirtschaftlicher Hinsicht gegen das junge Deutsche Kaiserreich in Stellung gebracht hätten:

---

[216] Wagner, Cosima: *Die Tagebücher*, I, 667. In: Wagner, *Werke, Schriften und Briefe*, 35421.

[217] Wagner, Cosima: *Die Tagebücher*, II, 424. In: Wagner, *Werke, Schriften und Briefe*, 39075.

[218] Wagner, Cosima: *Die Tagebücher*, I, 292. In: Wagner, *Werke, Schriften und Briefe*, 34114.

[219] Wagner, Cosima: *Die Tagebücher*, I, 524 f. In: Wagner, *Werke, Schriften und Briefe*, 34949.

Die Juden seien für den Freihandel, weil ihnen an Deutschland nichts liege, auch wollte der Jude lieber vom Ausland beziehen als von seinem deutschen Nachbarn, dem er nichts gönnt. Wenn man aber diese Maßregel vorschlagen wollte, würde der ganze seichte Liberalismus (jüdisch) dagegen stürmen, nur in Zeiten einer furchtbaren Not könne sie von einem weisen Despoten aufoktroyiert werden.[220]

Aus dem Jahre 1878 ist schließlich eine Art ‚Resignation‘ Wagners überliefert, die auf seiner Feststellung basierte, dass – im Gegensatz zu ihm selbst – „das Thema der Juden niemand beachten wolle", obwohl das inzwischen neu geordnete politische Gefüge in Europa dies erfordere:

Abendbrot mit Glasenapps, nachher behandelt R[ichard]. das Thema der Juden, welches niemand beachten wolle, sei es aus Furcht oder aus Schlaffheit. Entweder hätten die Juden Vergangenheit, dann hingen sie mit dem Talmud zusammen, oder sie seien von gestern, „wie kann so einer meine Werke lieben, oder was kann mir daran liegen, ob er sie liebt". Sie möchten aber sein wie sie wollten, die Hauptschuld läge an den Deutschen. „Was sind wir?" ruft er empört aus. „Kein Staatsmann, welcher dieses überlegt! Sie spielen mit uns wie mit Spatzen […]."[221]

---

[220] Aus Cosima Wagners Tagebucheintrag vom 5. Mai 1873 (Wagner, Cosima: *Die Tagebücher*, I, 678. In: Wagner, *Werke, Schriften und Briefe*, 35459 f.).

[221] Aus Cosima Wagners Tagebucheintrag vom 6. Juli 1878 (Wagner, Cosima: *Die Tagebücher*, II, 132. In: Wagner, *Werke, Schriften und Briefe*, 38103). Carl Friedrich Glasenapp (1847–1915) war russischer Staatsrat, Schriftsteller, Philologe und Wagner-Forscher. Vgl. hier auch Cosima Wagners Vermerk vom 5. November 1878 (ebd. II, 219 bzw. 38408):

Wie die Kinder sich entfernt haben, bespricht er (Wagner; A. S.) die Ähnlichkeit unseres jetzigen Weltzustandes mit dem des Unterganges des römischen Reiches, wo auch keine Nationaltugenden mehr erwuchsen, weil das Christentum die Schranken der Nationalitäten niederriss; jetzt vollenden die Juden das Werk; „im besten Fall", sagt R[ichard]., „erwarte ich eine Rückkehr in eine Art Natur-Zustand, denn auch die Juden werden enden".

Während seiner letzten Lebensjahre verstieg sich Wagner in radikalere Fantasien, die in der Forschung bisweilen gar als exterminatorisch unterströmt rezipiert werden. So habe er laut Cosima Wagner 1881 im „heftigen Scherz" bemerkt: „[…] es sollten alle Juden in einer Aufführung des ‚Nathan' verbrennen."[222] Allerdings ist auch diese in der Sekundärliteratur häufig anzutreffende, dabei aus dem Kontext gerissene und derweise akzentuierte erratische Aussage in ihrem breiteren Zusammenhang wiederzugeben (was freilich die Problematik ihres Kerngehalts in keiner Weise relativiert). Das angeführte Zitat stammt aus Cosima Wagners Tagebucheintrag vom 18. Dezember 1881 und bezieht sich (unter anderem) auf die Ringtheaterbrandkatastrophe in Wien am 8. Dezember 1881, als kurz vor Beginn der Aufführung von Jacques Offenbachs *Hoffmanns Erzählungen* mehr als 400 Menschen ums Leben kamen:

Sonnabend 17ten (1881; A. S.) […] Bei Tisch erzählte ich von unsrer Lektüre mit Fidi (alias Wagners Sohn Siegfried; A. S.) aus „1001 Nacht", und R[ichard]. sprach mit Vorliebe von der Erzählung von Harun al Raschid; der „gute, humoristische, großherzige Herrscher"; dagegen die Geschichten von Sindbad ihn nie interessiert hätten. Dass 416 Israeliten bei dem Brand umkamen, steigert R[ichard].'s Teilnahme für das Unglück nicht.
Sonntag 18ten R[ichard]. hatte wieder seinen Brustkrampf; wir besprechen die möglichen Ursachen desselben und kommen darüber ein, dass seine Arbeit ihn so angreife und völlig alle Funktionen sistiere. Ich beschwöre ihn, sich nicht anzustrengen und die Vollendung nicht zu betreiben. Beim Frühstück wird er wieder heiter, vergleicht mich mit irgendeinem Papst, dann mit Friedrich III. (meines langen Haares wegen). – Dann erzählt er von einer neulichen Aufführung des „Nathan", wo bei der Stelle, Christus war auch ein Jude, ein Israelit im Parterre bravo gerufen habe. Er wirft Lessing diese Fadheit sehr vor, und wie ich ihm erwidere, dass mir schiene ein eigener *deutscher* Zug der Humanität in dem Stück zu liegen, sagt er: „Aber gar keine Tiefe" – er erinnert sich Bernays', der Holtzmann es vor-

---

222 Wagner, Cosima: *Die Tagebücher*, II, 852. In: Wagner, *Werke, Schriften und Briefe*, 40549. Gemeint ist Gotthold Ephraim Lessings Drama *Nathan der Weise* (1779), in dessen Herzstück, der „Ringparabel", zu Menschlichkeit, Toleranz und einer Versöhnung der Religionen aufgerufen wird.

warf, Lessing zu missachten.[223] „Man nährt den Hochmut dieser Kerle dadurch, dass man mit ihnen umgeht, und z. B. wir sprechen vor Rub[instein]. unsere Empfindung über die Juden im Theater nicht aus, 400 ungetaufte und wahrscheinlich 500 getaufte." Er sagt im heftigen Scherz, es sollten alle Juden in einer Aufführung des „Nathan" verbrennen."[224]

Und der Schluss des in der Parsifal-Zeit verfassten Aufsatzes *Erkenne dich selbst (Ausführungen zu „Religion und Kunst")* (1881)[225] bietet erneut verschiedene Lesarten an, von der rassenideologisch aufgeladenen Auslöschungsthese[226] bis hin zur wiederum eher metaphorischen Bedeutung des Satzes „wird es auch – keinen Juden mehr geben" als Folge einer künftigen politisch-gesellschaftlichen ‚Erlösungsrevolution':

> Wir, die wir zu keiner aller jener Parteien gehören, sondern unser Heil einzig in einem Erwachen des Menschen zu seiner einfachheiligen Würde suchen, müssen, von diesen Parteien als Unnütze ausgeschlossen, zwar sympathisch selbst davon beängstigt, den Spasmen des Träumenden doch eben nur zuschauen, da all unser Rufen von ihm nicht gehört werden kann. So sparen, pflegen und stärken wir denn unsere besten Kräfte, um dem notwendig endlich doch von sich selbst Erwachenden eine edle Labe bieten zu können. Nur aber, wann (sic) der Dämon, der jene Rasenden im Wahnsinne des Parteikampfes um sich erhält, kein Wo und Wann zu seiner Bergung unter uns mehr aufzufinden vermag, wird es auch – keinen Juden mehr geben. Uns Deutschen könnte, gerade aus der Veranlassung der gegenwärtigen, nur eben unter uns wiederum denkbar gewesenen Bewegung, diese große Lösung eher als jeder anderen Nation ermög-

---

[223] Michael Bernays (1834–1897) war ein deutscher Philologe und Literaturhistoriker, Adolf Holtzmann (1810–1870) ein deutscher Indologe und Germanist.

[224] Wagner, Cosima: *Die Tagebücher*, II, 850 u. 852. In: Wagner, *Werke, Schriften und Briefe*, 40544 u. 40549 (Hervorhebungen im Original).

[225] Vgl. Wagner, Cosima: *Die Tagebücher*, II, 1231. In: Wagner, *Werke, Schriften und Briefe*, 41708, Anmerkung 1989 (Hervorhebung: A. S.):
RW schreibt „Erkenne dich selbst", Ausführungen zu „Religion und Kunst", 1. Teil; Erörterung der kürzlich verkündeten „Gleichberechtigung aller deutschen Staatsbürger ohne Ansehung des Unterschiedes der Konfession"; *wieder zur Judenfrage, der Deutsche solle sich erst selbst erkennen.*

[226] Vgl. Safranski 2007, 269 f. Zum eliminatorischen Rassismus vgl. Walser Smith 2010, 189–191.

licht sein, sobald wir ohne Scheu, bis auf das innerste Mark unseres Bestehens, das „Erkenne-dich-selbst" durchführten. Dass wir, dringen wir hiermit nur tief genug vor, nach der Überwindung aller falschen Scham, die letzte Erkenntnis nicht zu scheuen haben würden, sollte mit dem Voranstehenden dem Ahnungsvollen angedeutet sein.[227]

Cosima Wagner hält am 10. Februar 1881 hierzu in ihrem Tagebuch fest:

> Gegen Mittag ruft er mich und liest mir seinen neuen Aufsatz vor: „Erkenne dich selbst". – Ob die Juden überhaupt erlöst werden können, ist die Frage, die sich uns, daran anknüpfend, aufwirft – ihr Wesen verurteilt sie zur Realität der Welt. Sie haben das Christentum entweiht, d. h. für diese Welt zugerichtet, und von unserer Kunst, die nur eine Flucht sein kann vor dem Bestehenden, werden sie auch eine Welt-Eroberung erwarten.[228]

* * *

Letztendlich ist, ungeachtet aller Bestrebungen, Herkunft, Wesen und Auswirkung von Wagners Antisemitismus bzw. Antijudaismus im Sinne in sich schlüssiger, ,eindeutiger' und wissenschaftlich belastbarer Erkenntnisse herauszuarbeiten, der Schluss zu ziehen, dass Wagners Haltung gegenüber dem Judentum höchst vieldeutig blieb, und dies gerade weil seine Schriften, Werke und überlieferten Äußerungen unterschiedlich interpretierbar sind. Von daher gibt es, naturwissenschaftlich formuliert, keinen verlässlichen Lackmustest für eine ,exakte Bestimmung' des wagnerschen Antisemitismus. In der Forschung wird sogar postuliert, dass Wagner die Auseinandersetzung mit dem Judentum geradezu benötigte, um sich selbst und seinen künstlerischen und wohl auch gesellschaftlichen Standpunkt zu definieren. So scheint es, als münde jeglicher Versuch, den vorliegenden Problemkomplex aufzulösen, in eine Aporie, die sich selbst einem breit abgestützten, interdisziplinär angelegten und um „Objektivität" bemühten Zugang verschließt. Diese Spannung und hermeneutische Unwucht auszuhalten und gleichzeitig Wagners musikdramatisches Werk in seiner ganzen Wirkungsmächtigkeit und Strahlkraft anzuerkennen, ja zu würdigen, ist jene Anforderung, die manchem Rezipienten schwerfallen mag, wenngleich ge-

---

[227] Wagner, *Werke, Schriften und Briefe*; *Sämtliche Schriften und Dichtungen*; X, 274.

[228] Wagner, Cosima: *Die Tagebücher*, II, 687. In: *Wagner: Werke, Schriften und Briefe*, 39982.

rade die Ambivalenz an sich in die wagnersche Kunst eingeschrieben ist und für deren Aktualität und Popularität mitverantwortlich zeichnet.[229]

Eine Entgegnung auf den Versuch eines summarischen Überblicks über den jüdischen Diskurs bei Wagner und das Streben nach griffigen Deutungsangeboten und nachhaltigen Erklärungsmodellen liegt von Martin Gregor-Dellin und Dietrich Mack vor. Wagners innere Zerrissenheit sowie die Dichotomien in seinem „Lebenstext" und „Kunsttext"[230], mithin in seinem „Kunst-Werk" und seiner „Alltags-Wirklichkeit", werden mit seiner Haltung zum Judentum verschränkt. Gregor-Dellins und Macks Befund mutet denn auch abschließend an, und doch kann er keine letztgültige Aussage anbieten:

> Zu übersehen ist aber nicht jener anti-zivilisatorische Affekt, der ihn im Werk aus der Geschichte in den Mythos flüchten ließ, im Leben in einen Irrationalismus ähnlich dem Gerhart Hauptmanns, mit allen ähnlichen Folgen. Zivilisation und Verfall waren für Wagner Synonyme seit seinen ersten Theatererfahrungen. Es kämpften in ihm Elitäres und Humanitäres, Philhellenismus und Deutschtümelei, das Lied an die Freude und der Judenhass – wobei er es denn doch nicht so weit kommen ließ, sich der antisemitischen Petition Dr. Bernhard Försters anzuschließen. Was in ihm und mit ihm heraufzog, ging allerdings über die noch kunstsoziologisch erklärbare Schrift „Das Judentum in der Musik" weit hinaus. Es musste auch nicht am Ende der Graf Gobineau erscheinen, es war schon vorher alles in ihm, Wagner, die Verspottung des „Lessing'schen Überbleibsels", trotz Sarastro, der milden Weihe der Humanität, die er bei andrer Gelegenheit als so besonders deutsch rühmte. Indessen liefern die zahlreichen Träume – am 3. April 1880 kolportiert Cosima gar einen Versöhnungstraum mit Meyerbeer – genug Anhaltspunkte, dass da ein tiefes Unbehagen, eine Art Verdrängung vorlag, und alle Ideologeme und Vorbehalte endeten, wie nicht nur der Fall Hermann Levi beweist, immer dann, wenn es um Qualität ging. Und dennoch darf man sich von so persönlichem „Großmut" nicht überrumpeln lassen: Wagners Judenhass ist nicht zu verharmlosen. Er wird zur verkappten Religion und nimmt Züge eines unheimlichen Gattungs-Ressentiments an, das

---

[229] Horowitz 1998. Žižek (2003b, 1) erklärt Wagners ungebrochene Aktualität unter anderem dadurch, dass der Schwerpunkt auf dem politischen Drama der Macht liege. In diesem Sinne könne, wie etwa Jürgen Flimms Bayreuther *Ring*-Inszenierung aus dem Jahre 2003 zeige, Wagners Tetralogie „als ein Drama korrumpierter Staatsmacht präsentiert" werden.

[230] Ingold 1981.

auch durch Angelo Neumanns Geld, Josef Rubinsteins Hingabe und Hermann Levis Leistungen nicht mehr zu beruhigen ist.[231]

Tatsächlich nahm gerade Hermann Levi in Bezug auf Wagners Leben und Karriere eine besondere Stellung ein. So wurde ihm die Ehre zuteil, am 26. Juli 1882 die Uraufführung des *Parsifal* im Rahmen der 2. Bayreuther Festspiele zu dirigieren. Allerdings gab es im Vorfeld dieses großen Ereignisses Unruhe um Levis jüdische Herkunft, sodass dieser sein Engagement beinahe niedergelegt hätte. Interessant ist Wagners Reaktion auf die Kampagne gegen Levi. Als sich nämlich Levi im Juni 1881 in Bayreuth aufhielt, um mit Wagner die Uraufführung des „Bühnenweihfestspiels" weiter vorzubereiten, legte ihm Wagner am 29. Juni während des Mittagessens einen anonymen Brief vor, in welchem Levi bezichtigt wurde, ein Verhältnis mit Cosima Wagner zu haben. Überdies wurde Wagner im Schreiben aufgefordert, den *Parsifal* nicht von einem Juden dirigieren zu lassen, um das Werk „rein" zu (er)halten. Wagner begründete die Offenlegung des Briefes damit, dass zwischen ihm und Levi nichts unausgesprochen bleiben dürfe. Trotzdem war die Wirkung des Schmähschreibens auf Levi fatal: Der empfindsame Mann verließ Bayreuth am darauffolgenden Tag und ersuchte schriftlich darum, von seiner Aufgabe entbunden zu werden. Doch Wagner ließ sich nicht beirren und bat Levi am 1. Juli, seinen Entschluss zu revidieren und wieder nach Bayreuth zu kommen: „Um Gottes Willen, kehren Sie sogleich um und lernen Sie uns endlich ordentlich kennen! Verlieren Sie nichts von Ihrem Glauben, aber gewinnen Sie auch einen starken Mut dazu! Vielleicht – gibt's eine große Wendung für Ihr Leben – für alle Fälle aber – sind Sie mein Parsifal-Dirigent!"[232] In ihrem Tagebuch berichtet Cosima Wagner vom Ausgang dieses kritischen Ereignisses:

Sonnabend 2ten (Juli 1881; A. S.) Gute Nacht für R[ichard]., schöner Morgen, er geht im Hofgarten spazieren mit den Kindern, wir gehen

---

[231] Vorwort zu Wagner, Cosima: *Die Tagebücher*, II, 22 f. In: *Wagner: Werke, Schriften und Briefe,* 37728 f.

[232] Gregor-Dellin 1980, 797 f. In: Wagner, *Werke, Schriften und Briefe*, 51321 f.; zitiert nach ebd. 798 bzw. 51322. Aufschlussreich ist Gregor-Dellins Deutung der Worte, mit welchen Wagner am 1. Juli Levi zur Rückkehr nach Bayreuth zu bewegen suchte. Gregor-Dellin schreibt nämlich: „*Verlieren Sie nichts von Ihrem Glauben:* das heißt nun endgültig, Parsifal darf mosaischen Glaubens (sic) geleitet werden." Auch soll, so Gregor-Dellin weiter, Wagner an diesem Tag „aufs gemeinsame Abendmahl" verzichtet haben (ebd. 798 bzw. 51322; Hervorhebung im Original).

ihm mit Richters entgegen und frühstücken alle im oberen Pavillon in heitrer Stimmung. Abschied von Richter. Um 1 Uhr Zurückkunft unseres armen Freundes Levi auf R[ichard].'s herrliche Erwiderung seines Briefes. Unbefangenste, ja selbst sehr heitre Stimmung bei Tisch. R. fordert *hebräischen* Wein![233]

Handelt es sich hier nur um ein weiteres Beispiel für Wagners Changieren in seinem Verhältnis zu den oder zu bestimmten Juden? Oder ging es ihm darum, angesichts der heftigen Reaktion Levis um jeden Preis die Uraufführung des *Parsifal* sicherzustellen? Handelte Wagner in dieser Situation lediglich ‚zweckrational‘ oder war die (an sich zu erwartende) Kränkung Levis durch die Übermittlung des anonymen Briefes von Wagner im Sinne einer Volte beabsichtigt. Nur, weshalb? Verbarg sich auch hinter dieser Affäre um Levi jene innere Zerrissenheit Wagners, die bei Deutungsversuchen gerne herangezogen wird? Auch dieses abschließende Beispiel veranschaulicht noch einmal, dass eine endgültige Antwort auf die Frage, wie Wagners Beziehung zum Judentum zu werten sei, im Raum stehen bleibt – so unbefriedigend dieses Verharren im Ungefähren auch anmutet. Der gesamte Problemkomplex ist und bleibt, wie Martin Gregor-Dellin und Dietrich Mack konstatieren, ein unaufgelöster und letzten Endes wohl auch unauflösbarer Widerspruch:

Ein Siegfried und Mime zugleich, teilt Wagner seine naiven und zugleich bösartigen, im Grunde jedoch ängstlich-wütenden Rundschläge aus: die „staatspolitische“ These dieser Aggressions-Ideologie stützt sich auf die kindlich-verbohrte Gleichsetzung von Besitz, Jude, Grundübel; und da der Staat organisiert ist, die Besitzenden, d. h. die Juden, zu beschützen, so müssen die Deutschen zwangsläufig untergehen. Auch der persönliche Verfolgungswahn nimmt zu: die Juden warteten nur darauf, dass er stürbe, um sein Erbe zu vernichten. Doch am schlimmsten ist gewiss die „witzige“, die beiläufige Aggression: Als beim Brand des Wiener Ringtheaters 1881 unmittelbar vor Beginn der Vorstellung von Offenbachs „Hoffmanns Erzählungen“ mehr als 400 Menschen umkommen, empfindet Wagner kein Mitleid. Im Gegenteil, alle Juden sollten im Theater verbrennen (18. Dez. 1881). Die plötzliche, milde Wendung seines letzten Schriften-Fragments lässt in dieser Beziehung eine Umkehr in eine alles umgreifende Humanität mehr erhoffen als erahnen.[234]

---

[233] Wagner, Cosima: *Die Tagebücher*, II, 755. In: *Wagner: Werke, Schriften und Briefe*, 40225; Hervorhebung im Original.

[234] Vorwort zu Wagner, Cosima: *Die Tagebücher*, II, 23 f. In: *Wagner: Werke, Schriften und Briefe*, 37729 f.

Literaturverzeichnis

ADORNO, Theodor W.: *Versuch über Wagner*. Frankfurt am Main 1974 (Suhrkamp Taschenbuch 177).

ALY, Götz: *Warum die Deutschen? Warum die Juden? Gleichheit, Neid und Rassenhass*. Frankfurt am Main 2011(a).

ALY, Götz: Auf dem Boden des Neids. In: *DER SPIEGEL* 31 (2011[b]), 126–128.

APPLEGATE, Celia/POTTER, Pamela: *Music and German National Identity*. Chicago 2002.

BENBASSA, Esther/ATTIAS, Jean-Christophe (Hgg.): *La haine de soi. Difficile identités*. Bruxelles 2000 (Interventions).

BENZ, Wolfgang: *Was ist Antisemitismus?* München 2004.

BERLIOZ, Hector: *Gesammelte Schriften*. Autorisierte deutsche Ausgabe. Von Richard Pohl. 1. Band: A travers chants. Musikalische Studien, Huldigungen, Einfälle und Kritiken. Leipzig 1864.

BERMBACH, Udo: *Mythos Wagner*. Berlin 2013.

BERMBACH, Udo: Die Utopie der Selbstregierung – politisch-ästhetische Aspekte der „Meistersinger". In: Opernhaus Zürich (Hg.): *Programmheft zu Richard Wagners „Die Meistersinger von Nürnberg"*, Spielzeit 2009/2010 (ohne Seitenzahlen).

BERMBACH, Udo: *Richard Wagner. Stationen eines unruhigen Lebens*. Hamburg 2006.

BERMBACH, Udo: *Opernsplitter*. Aufsätze. Essays. Würzburg 2005.

BERMBACH, Udo: *Der Wahn des Gesamtkunstwerks. Richard Wagners politisch-ästhetische Utopie*. Stuttgart 2004.

BERMBACH, Udo: Titan und Ahasver. Auseinandersetzungen mit Richard Wagner. In: *NZZ Online*, 10. Januar 2004, http://www.nzz.ch/2004/01/10/li/article9509H.html (letzter Abruf am 4. Januar 2013).

BERMBACH, Udo: Eine ästhetische Weltordnung. Richard Wagner und die Philosophie seiner Zeit. In: *Neue Zürcher Zeitung*, 27./28. September 2003, Nr. 224, 47 f.

BERMBACH, Udo: *Antisemitismus als ästhetisches Programm. Wagners „Das Judentum in der Musik" im Kontext der „Zürcher Kunstschriften"*. Kurzfassung des Beitrags zum Symposium „Wagner und die Juden", Bayreuth, 6. bis 11. August 1998, http://goldenpages.jpehs.co.uk/static/conferencearchive/98-8-wuj.html (letzter Abruf am 19. März 2013).

BERMBACH, Udo: Das ästhetische Motiv in Wagners Antisemitismus. „Das Judentum in der Musik" im Kontext der „Zürcher Kunstschriften". In: Ders. et al. (Hgg.): *Richard Wagner und die Juden*. Stuttgart 2000, 55–78.

BERMBACH, Udo: Dresden und die Folgen. Wagners Grundlegung seines politisch-ästhetischen Denkens. In: *Michael Bakunin, Gottfried Semper, Richard Wagner und der Dresdner Mai-Aufstand 1849*. Symposium des Forschungsinstituts der Friedrich-Ebert-Stiftung am 27. Oktober 1995 in Dresden. Herausgegeben von der Friedrich-Ebert-Stiftung. Bonn 1995, 71–86.

Die Bibel in heutigem Deutsch. Die Gute Nachricht des Alten und Neuen Testaments. Mit den Spätschriften des Alten Testaments. Stuttgart 1985.

BOHLMAN, Philip Vilas: *The Music of European Nationalism: Cultural Identity and Modern History.* Santa Barbara (Cal.) 2004.

BORCHMEYER, Dieter: *Richard Wagner. Werk – Leben – Zeit.* Ditzingen 2013.

BORCHMEYER, Dieter: *Nietzsche, Cosima, Wagner. Porträt einer Freundschaft.* Frankfurt am Main – Leipzig 2008.

BORCHMEYER, Dieter: „*Wo keine Götter sind, walten Gespenster" – Heines und Wagners Geisterwelt.* Fünfzig Jahre Eichendorff-Gesellschaft: Eine Tagung vom 13. bis 15. Juni 2002 in Heidelberg, http://www.uni-heidelberg.de/presse/news/2206geister.html (letzter Abruf am 4. Januar 2013).

BORCHMEYER, Dieter: Doppelgesichtige Passion: Nietzsche als Kritiker Wagners. In: *Ruperto Carola* 1 (1995), http://www.uni-heidelberg.de/uni/presse/rc9/5.html (letzter Abruf am 4. Januar 2013).

BORCHMEYER, Dieter: Richard Wagner und der Antisemitismus. In: Müller, Ulrich/Wapnewski, Peter (Hgg.): *Richard-Wagner-Handbuch.* Stuttgart 1986, 137–161.

BOURDIEU, Pierre: *Die Regeln der Kunst. Genese und Struktur des literarischen Feldes.* Frankfurt am Main 2001 (Suhrkamp Taschenbuch Wissenschaft 1539).

BOURDIEU, Pierre: *Die feinen Unterschiede. Kritik der gesellschaftlichen Urteilskraft.* Frankfurt am Main 1999 (Suhrkamp Taschenbuch Wissenschaft 658).

BOURDIEU, Pierre: *Die verborgenen Mechanismen der Macht.* Herausgeben von Margareta Steinrücke. Hamburg 1992 (Schriften zu Politik & Kultur 1).

BROCK, Bazon: Der Hang zum Gesamtkunstwerk. In: Szeemann, Harald (Hg.): *Der Hang zum Gesamtkunstwerk. Europäische Utopien seit 1800.* Katalog der Wanderausstellung im Kunsthaus Zürich, 11. Feb. bis 30. April 1983 etc. Aarau – Frankfurt am Main 1983, 22–39.

BRUCKMÜLLER, Ernst: Das Agrarproblem in den europäischen Revolutionen von 1848. In: Fröhlich, Helgard/Grandner, Margarete/Weinzierl, Michael (Hgg.): *1848 im europäischen Kontext.* Wien 1999, 35–59.

BRUYN, Gerd de: Die deutsche Revolution, die Reichsverfassungskampagne und die Rolle Bakunins, Sempers und Wagners beim Dresdner Mai-Aufstand. In: *Michael Bakunin, Gottfried Semper, Richard Wagner und der Dresdner Mai-Aufstand 1849.* Symposium des Forschungsinstituts der Friedrich-Ebert-Stiftung am 27. Oktober 1995 in Dresden. Herausgegeben von der Friedrich-Ebert-Stiftung. Bonn 1995, 7–24.

DAHLHAUS, Carl (Hg.): *Neues Handbuch der Musikwissenschaft.* Wiesbaden 1980–1992.

DAMMEYER, Albrecht: *Pathos – Parodie – Provokation: Authentizität versus Medienskepsis bei Friedrich Nietzsche und Gustav Mahler.* Würzburg 2005.

DANUSER, Hermann: *Jüdische Charakterzeichnung in Wagners Werk? Dramaturgische und musikalische Aspekte.* Kurzfassung des Beitrags zum Symposium „Wagner und die Juden", Bayreuth, 6. bis 11. August 1998, http://goldenpages.jpehs.co.uk/static/conferencearchive/98-8-wuj.html (letzter Abruf am 4. Januar 2013).

DECKER, Kerstin: *Nietzsche und Wagner. Geschichte einer Hassliebe.* Berlin 2012.

DEVENTER, Jörg: Einführung zum „Schwerpunkt Gustav Mahler – Jüdische Topografien in der Musikkultur der Moderne". In: *Jahrbuch des Simon-Dubnow-Instituts/Simon Dubnow Institute Yearbook.* Herausgegeben von Dan Diner. Simon-Dubnow-Institut für jüdische Geschichte und Kultur an der Universität Leipzig. Band XI (2012). Göttingen, 245–258.

DIECKMANN, Friedrich: *Das Liebesverbot und die Revolution. Über Wagner.* Berlin 2013.

DIETRICH, Ronny: Richard Wagner. Tristan und Isolde. In: *Opernhaus Zürich-Magazin* 6, Spielzeit 2008/09, 4–9.

DÖHRING, Sieghart: *Die Rezeption von Meyerbeers und Wagners Musiktheater.* Kurzfassung des Beitrags zum Symposium „Wagner und die Juden", Bayreuth, 6. bis 11. August 1998, http://goldenpages.jpehs.co.uk/static/conferencearchive/98-8-wuj.html (letzter Abruf am 4. Januar 2013).

DOWE, Dieter/HAUPT, Heinz Gerhard/Langewiesche, Dieter (Hgg.): *Europa 1848. Revolution und Reform.* Bonn 1998.

DREIZIN, Felix: *The Russian Soul and the Jew. Essays in Literary Ethnocriticism.* Lanham 1990.

DRÜNER, Ulrich: *Kann Musik „böse" sein? Dieter David Scholz über Richard Wagners Antisemitismus.* In: literaturkritik.de ➢ Nr.1, Januar 2011 (3. Jg.) ➢ Literaturwissenschaft und Literaturgeschichte ➢ Richard Wagners Antisemitismus, http://www.literaturkritik.de/public/rezension.php?rez_id=3223 (letzter Abruf am 4. Januar 2013).

EBERAN, Barbro: *Luther? Friedrich „der Große"? Wagner? Nietzsche? ...? ...? Wer war an Hitler schuld? Eine Debatte um die Schuldfrage 1945–1949.* 2. erweiterte Auflage. München 1985 (Minerva-Fachserie Geisteswissenschaften).

EGER, Manfred: *„Meister"-Karikaturen.* Bayreuth 1983.

EICHNER, Barbara: Eisenmänner und edle Völkerchöre: Die deutsche Nation auf der Opernbühne. In: Wischermann, Clemens et al. (Hgg.): *GeschichtsBilder: 46. Deutscher Historikertag in Konstanz vom 19. bis 22. September 2006.* Berichtsband. Konstanz 2007, 137.

FEST, Joachim: Richard Wagner – Das Werk neben dem Werk. Zur ausstehenden Wirkungsgeschichte eines Großideologen. In: Friedländer, Saul/Rüsen, Jörn (Hgg.): *Richard Wagner im Dritten Reich.* Ein Schloss Elmau-Symposion. München 2000, 24–39 (Beck'sche Reihe 1356).

FEUERBACH, Ludwig: *Gesammelte Werke.* Herausgegeben von der Berlin-Brandenburgischen Akademie der Wissenschaften durch Werner Schuffenhauer. Berlin 1967– .

FISCHER, Jens Malte: *Richard Wagner und seine Wirkung.* Wien 2013.

FISCHER, Jens Malte: Mahlers Nachleben, oder: Die Vitalität des Antisemitismus. In: *Jahrbuch des Simon-Dubnow-Instituts/Simon Dubnow Institute Yearbook.* Herausgegeben von Dan Diner. Simon-Dubnow-Institut für jüdische Geschichte und Kultur an der Universität Leipzig. Band XI (2012). Göttingen, 245–258.

FISCHER, Jens Malte: Richard Wagners „Das Judentum in der Musik". Entstehung – Kontext – Wirkung. In: Borchmeyer, Dieter/Maayani, Ami/Vill, Susanne (Hgg.): *Richard Wagner und die Juden.* Stuttgart – Weimar 2000(a), 35–54.

FISCHER, Jens Malte: *Richard Wagners „Das Judentum in der Musik".* Eine kritische Dokumentation als Beitrag zur Geschichte des Antisemitismus. Frankfurt am Main – Leipzig 2000(b).

FISCHER, Jens Malte: *Richard Wagners „Das Judentum in der Musik".* *Entstehung – Kontext – Wirkung.* Kurzfassung des Beitrags zum Symposium „Wagner und die Juden", Bayreuth, 6. bis 11. August 1998, http://goldenpages.jpehs.co.uk/static/conferencearchive/98-8-wuj. html (letzter Abruf am 4. Januar 2013).

FLOROS, Constantin: *Gustav Mahler.* München 2010 (C.H. Beck Wissen in der Beck'schen Reihe 2489).

Forschungsinstitut der Friedrich-Ebert-Stiftung (Hg.): *Michael Bakunin, Gottfried Semper, Richard Wagner und der Dresdner Mai-Aufstand 1849.* Symposium des Forschungsinstituts der Friedrich-Ebert-Stiftung am 27. Oktober 1995 in Dresden. Bonn 1995.

FREUD, Sigmund: Das Unheimliche. In: *Imago. Zeitschrift für Anwendung der Psychoanalyse auf die Geisteswissenschaften* V (1919), 297–324. eText: http://www.gutenberg.org/files/34222/34222-h/3422 202-h.htm (letzter Abruf am 4. Januar 2013).

FREUD, Sigmund: *Studienausgabe.* Herausgegeben von Alexander Mitscherlich, Angela Richards und James Strachey. 10 Bde., ein Ergänzungsband (Hg.: Ilse Grubrich-Simitis) sowie eine von Ingeborg Meyer-Palmedo zusammengestellte Konkordanz und Gesamtbibliographie. Frankfurt am Main 1982 (= *Studienausgabe*)

FRIEDLÄNDER, Saul/Rüsen, Jörn (Hgg.): *Richard Wagner im Dritten Reich.* Ein Schloss Elmau-Symposion. München 2000 (Beck'sche Reihe 1356).

FRIEDLÄNDER, Saul: Hitler und Wagner. In: Ders./Rüsen, Jörn (Hgg.): *Richard Wagner im Dritten Reich.* Ein Schloss Elmau-Symposion. München 2000, 165–178 (Beck'sche Reihe 1356).

FRIEDLÄNDER, Saul: *Bayreuth and the Redemptive Antisemitism.* Kurzfassung des Beitrags zum Symposium „Wagner und die Juden", Bayreuth, 6. bis 11. August 1998, http://goldenpages.jpehs.co.uk/static/ conferencearchive/98-8-wuj.html (letzter Abruf am 4. Januar 2013).

FRÜCHTL, Josef: Die Moderne als ethisch-ästhetisches Projekt. Dieter Thomä erkundet unsere Epoche mit Richard Wagner und Sergei Eisenstein. In: *NZZ Online*: http://www.nzz.ch/2006/09/20/fe/articleEF 9Z4.html (letzter Abruf am 4. Januar 2013).

FUCHS, Eduard/KREOWSKI, Ernst: *Richard Wagner in der Karikatur*. Berlin 1907.

FULCHER, Jane F.: *The Nation's Image: French Grand Opera as Politics and Politicized Art*. Cambridge etc. 1987.

GAEHTGENS, Thomas W.: Die Revolution von 1848 in der europäischen Kunst. In: Langewiesche, Dieter (Hg.): *Die Revolutionen von 1848 in der europäischen Geschichte. Ergebnisse und Nachwirkungen*. Beiträge des Symposions in der Paulskirche vom 21. bis 23. Juni 1998. München 2000, 91–122 (Historische Zeitschrift. Beihefte. Neue Folge. Bd. 29).

GAISER, Christoph: *Ausflug in die Wissenschaft. Zwei kleine Studien zu „Das Rheingold"*. S. l. 2006, http://home.arcor.de/christoph_gaiser/ rheing.pdf (letzter Abruf am 4. Januar 2013).

GALL, Lothar: *Europa auf dem Weg in die Moderne, 1850–1890*. München [3]1997 u. [5]2009.

GAY, Peter: *Wagner from a Psychoanalytic Perspective*. Kurzfassung des Beitrags zum Symposium „Wagner und die Juden", Bayreuth, 6. bis 11. August 1998, http://goldenpages.jpehs.co.uk/static/conferencearchive/ 98-8-wuj.html (letzter Abruf am 4. Januar 2013).

GERHARD, Anselm: Die Pariser Grand Opéra und die Visualisierung von Geschichte. In: Wischermann, Clemens et al. (Hgg.): *Geschichts Bilder: 46. Deutscher Historikertag in Konstanz vom 19. bis 22. September 2006*. Berichtsband. Konstanz 2007, 136 f.

GERHARD, Anselm: Die Verstädterung der Oper. Paris und das Musiktheater des 19. Jahrhunderts. Stuttgart – Weimar 1992 (Metzler Musik).

GERHARDT, Volker et al. (Hgg.): *Friedrich Nietzsche. Zwischen Musik, Philosophie und Ressentiment*. Berlin 2006 (Nietzscheforschung 13).

128

GILMAN, Sander L.: *Jüdischer Selbsthass. Antisemitismus und die verborgene Sprache der Juden*. Frankfurt am Main 1993.

GOETHE, Johann Wolfgang von: *Werke in vier Bänden*. Klagenfurt 1984 (= *Werke*).

GRÄFE, Thomas: *Antisemitismus in Deutschland 1815–1918. Rezensionen – Forschungsüberblick – Bibliographie*. Norderstedt 2007.

GRAMPP, Hermann: Tagungsbericht zum Historikertag 2006: Geschichte als Oper: Die Konstruktion und Inszenierung von Geschichte im europäischen Musiktheater des 19. Jahrhunderts. 19.09.2006–22.09.2006, Konstanz. In: *H-Soz-u-Kult*, 18.10.2006, http://hsozkult.geschichte.hu-berlin.de/tagungsberichte/id=1177 (letzter Abruf am 4. Januar 2013); Abstract der Sektion „Geschichte als Oper: Die Konstruktion und Inszenierung von Geschichte im europäischen Musiktheater des 19. Jahrhunderts" und Abstracts der Referate: http://www.h-net.org/reviews/showreviews.php?id=27054 (letzter Abruf am 4. Januar 2013).

GRAUS, František: Judenfeindschaft im Mittelalter. In: Strauss, Herbert A./ Kampe, Norbert (Hgg.): *Antisemitismus. Von der Judenfeindschaft zum Holocaust*. Frankfurt – New York 1985, 29–46.

GREGOR-DELLIN, Martin/VON SODEN, Michael: *Richard Wagner. Leben – Werk – Wirkung*. Düsseldorf 1983 (Hermes Handlexikon).

GREGOR-DELLIN, Martin: *Richard Wagner. Sein Leben. Sein Werk. Sein Jahrhundert*. München – Zürich 1980.

GRILLPARZER, Franz: *Reisetagebücher*. Paderborn 2012.

GUBSER, Martin: *Literarischer Antisemitismus. Untersuchungen zu Gustav Freytag und anderen bürgerlichen Schriftstellern des 19. Jahrhunderts*. Göttingen 1998.

GUSKI, Andreas: „Geld ist geprägte Freiheit": Paradoxien des Geldes bei Dostoevskij (I). In: *Dostoevsky Studies, New Series* 16 (2012), 7–57.

GUTMAN, Robert W.: *Richard Wagner. Der Mensch, sein Werk, seine Zeit*. München 1970.

GUTMANN, M[oses].: *Richard Wagner, der Judenfresser. Entgegnung auf Wagner's Schrift: „Das Judenthum in der Musik".* Dresden 1869.

Handbuch des Antisemitismus. Judenfeindschaft in Geschichte und Gegenwart. Herausgegeben von Wolfgang Benz. 5 Bde. Bd. 2 (Personen; 2 Teilbde.). Berlin 2009.

HANKE, Eva Martina: *Wagner in Zürich – Individuum und Lebenswelt.* Kassel 2007 (Schweizer Beiträge zur Musikforschung 9).

HARTWICH, Wolf-Dieter: *Das Judentum in Wagners Spätwerk: Kunstreligion und Kabbala.* Kurzfassung des Beitrags zum Symposium „Wagner und die Juden", Bayreuth, 6. bis 11. August 1998, http://goldenpages.jpehs.co.uk/static/conferencearchive/98-8-wuj.html (letzter Abruf am 4. Januar 2013).

HAUMANN, Heiko: Juden in Freiburg i. Br. Von der Mitte des 19. Jahrhunderts bis zur Gegenwart: Assimilation, Antisemitismus, Suche nach Identität. In: Ders: *Lebenswelten und Geschichte. Zur Theorie und Praxis der Forschung.* Wien – Köln – Weimar 2012, 506–515.

HAUMANN, Heiko: *Geschichte der Ostjuden.* München 1999 (dtv 30663).

HAUPT, Heinz-Gerhard/LANGEWIESCHE, Dieter: Die Revolution in Europa 1848. Reform der Herrschafts- und Gesellschaftsordnung – Nationalrevolution – Wirkungen. In: Dowe, Dieter/Haupt, Heinz Gerhard/Langewiesche, Dieter (Hgg.): *Europa 1848. Revolution und Reform.* Bonn 1998, 11–41.

HEFTRICH, Eckhard: *Nietzsches tragische Größe.* Frankfurt am Main 2000 (Das Abendland. Neue Folge 25).

HEIN, Annette: *„Es ist viel ‚Hitler' in Wagner". Rassismus und antisemitische Deutschtumsideologie in den „Bayreuther Blättern" (1878–1938).* Tübingen 1996 (Conditio Judaica 13).

HEIN, Dieter: *Die Revolution von 1848/49.* München 1998.

HEIN, Stefanie: *Richard Wagners Kunstprogramm im nationalkulturellen Kontext. Ein Beitrag zur Kulturgeschichte des 19. Jahrhunderts.* Würzburg 2006 (Epistemata. Reihe Literaturwissenschaft, Bd. 580).

HINRICHSEN, Hans-Joachim: „Musikbankiers". Über Richard Wagners Vorstellungen vom „Judentum in der Musik". In: *Musik & Ästhetik* 5 (2001), 72–87.

HOFFMANN, Ernst Theodor Amadeus: *Schriften zur Musik. Aufsätze und Rezensionen.* Herausgegeben von Friedrich Schnapp. München 1977.

HOHLS, Rüdiger et al. (Hgg.): *Europa und die Europäer. Quellen und Essays zur modernen europäischen Geschichte.* Festschrift für Hartmut Kaelble zum 65. Geburtstag. Stuttgart 2005.

HONG, Wen-Tsien: *Friedrich Nietzsche und die Musik im Spiegel der Kompositions- und Geistesgeschichte des 19. Jahrhunderts. Komposition, Philosophie, Rezeption.* Frankfurt am Main 2004.

HOROWITZ, Joseph: *Wagner and the American Jew – A Personal Reflection.* Kurzfassung des Beitrags zum Symposium „Wagner und die Juden", Bayreuth, 6. bis 11. August 1998, http://goldenpages. jpehs.co.uk/static/conferencearchive/98-8-wuj.html (letzter Abruf am 4. Januar 2013).

INGOLD, Felix Philipp: Kunsttext und Lebenstext. Thesen und Beispiele zum Verhältnis zwischen Kunst-Werk und Alltags-Wirklichkeit im russischen Modernismus. München 1981. In: *Die Welt der Slaven. Halbjahresschrift für Slavistik.* Jg. 26, 1 (N.F. 5/1) (1981) 37–61.

Jahrbuch des Simon-Dubnow-Instituts/Simon Dubnow Institute Yearbook. Herausgegeben von Dan Diner. Simon-Dubnow-Institut für jüdische Geschichte und Kultur an der Universität Leipzig. Band XI (2012). Göttingen.

JEISMANN, Michael (Hg.): *Das 19. Jahrhundert. Aufbruch in die Moderne.* München 2000.

JENSEN, Uffa: Into the Spiral of Problematic Perceptions. Modern Anti-Semitism and *gebildetes Bürgertum* in Nineteenth-Century Germany. In: *German History* 25 (2007), 348–371.

JENSEN, Uffa: *Gebildete Doppelgänger. Bürgerliche Juden und Protestanten im 19. Jahrhundert.* Göttingen 2005 (Kritische Studien zur Geschichtswissenschaft 167).

JÜTTE, Daniel: „Mendele Lohengrin" und der koschere Wagner. Unorthodoxes zur jüdischen Rezeption eines Antisemiten. In: *Neue Zürcher Zeitung*, 13./14. Juni 2009(a), Nr. 134, 29. Siehe auch *NZZ Online*: http://www.nzz.ch/nachrichten/kultur/literatur_und_kunst/mendele-lohengrin-und-der-koschere-wagner-1.2730438 (letzter Abruf am 4. Januar 2013).

JÜTTE, Daniel: „Mendele Lohengrin" und der koschere Wagner. Unorthodoxes zur jüdischen Wagner-Rezeption. In: Gelber, Mark H./Hessing, Jakob/Jütte, Robert (Hgg.): *Integration und Ausgrenzung. Studien zur deutsch-jüdischen Literatur- und Kulturgeschichte von der Frühen Neuzeit bis zur Gegenwart.* Tübingen 2009(b), 115–129.

KAISER, Gerhard: *Thomas Manns Wälsungenblut und Richard Wagners Ring. Erzählen als kritische Interpretation.* Sonderdrucke aus der Albert-Ludwigs-Universität Freiburg. Originalbeitrag erschienen in: *Thomas Mann-Jahrbuch* 12 (1999), 239–258. eText: http://www.freidok.uni-freiburg.de/volltexte/427/pdf/mann.pdf (letzter Abruf am 4. Januar 2013)

KASCHUBA, Wolfgang: Deutsche Bürgerlichkeit nach 1800. Kultur als symbolische Praxis. In: Kocka, Jürgen (Hg.): *Bürgertum im 19. Jahrhundert. Deutschland im europäischen Vergleich.* 3 Bde. München 1988.

KATZ, Jacob: *The Darker Side of Genius. Richard Wagner's Anti-Semitism.* Hanover (NH) 1986 (The Tauber Institute for the Study of European Jewry Series 5).

KATZ, Jacob: *Richard Wagner. Vorbote des Antisemitismus.* Königstein/Ts. 1985 (Veröffentlichung des Leo Baeck Instituts).

KATZ, Jacob et al.: *Toleranz heute. 250 Jahre nach Mendelssohn und Lessing.* Berlin (West) 1979 (Veröffentlichungen aus dem Institut Kirche und Judentum bei der Kirchlichen Hochschule Berlin 9).

KNAUER, Jan: *Bürgerengagement und Protestpolitik. Das politische Wirken des „Remstalrebellen" Helmut Palmer und die Reaktionen seiner Mitmenschen.* Diss. Tübingen 2012.

KNEIF, Tibor: Wagner und der Antisemitismus. In: Ders.: *Die Kunst und die Revolution. Das Judentum in der Musik. Was ist deutsch?* Herausgegeben und kommentiert von Tibor Kneif. München 1975, 114–130.

KOCH, Gerhard R.: Die Welt als Wahn im Klang. In: Jeismann, Michael (Hg.): *Das 19. Jahrhundert. Aufbruch in die Moderne.* München 2000, 83–92.

KOCKA, Jürgen: *Das lange 19. Jahrhundert. Arbeit, Nation und bürgerliche Gesellschaft.* Stuttgart 2001 (Handbuch der deutschen Geschichte 13).

KOCKA, Jürgen (Hg.): *Bürgertum im 19. Jahrhundert. Deutschland im europäischen Vergleich.* 3 Bde. München 1988.

KOHUT, Heinz: *Narzissmus. Eine Theorie der psychoanalytischen Behandlung narzisstischer Persönlichkeitsstörungen.* Frankfurt am Main 1973 (Literatur der Psychoanalyse).

KOSELLECK, Reinhart (Hg.): *Studien zum Beginn der modernen Welt.* Stuttgart 1977 (Industrielle Welt 20).

KOSELLECK, Reinhart: *Kritik und Krise. Ein Beitrag zur Pathogenese der bürgerlichen Welt.* Freiburg i. Br. – München [2]1969 (1959).

KRECKEL, Manfred: *Richard Wagner und die französischen Frühsozialisten. Die Bedeutung der Kunst und des Künstlers für eine neue Gesellschaft.* Frankfurt am Main – Bern – New York 1986 (Europäische Hochschulschriften, Reihe 3, Geschichte und Hilfswissenschaften, Bd. 284).

KÜHNE, Jörg-Detlef: Revolution und Rechtskultur. Die Bedeutung der Revolutionen von 1848 für die Rechtsentwicklung in Europa. In: Langewiesche, Dieter (Hg.): *Die Revolutionen von 1848 in der europäischen Geschichte. Ergebnisse und Nachwirkungen.* Beiträge des Symposions in der Paulskirche vom 21. bis 23. Juni 1998. München 2000, 57–72 (Historische Zeitschrift. Beihefte. Neue Folge. Bd. 29).

LANGEWIESCHE, Dieter (Hg.): *Die Revolutionen von 1848 in der europäischen Geschichte. Ergebnisse und Nachwirkungen.* Beiträge des Symposions in der Paulskirche vom 21. bis 23. Juni 1998. München 2000 (Historische Zeitschrift. Beihefte. Neue Folge. Bd. 29).

LEPSIUS, M. Rainer: Soziologische Theoreme über die Sozialstruktur der „Moderne" und die „Modernisierung". In: Koselleck, Reinhart (Hg.): *Studien zum Beginn der modernen Welt*. Stuttgart 1977, 10–29.

LESSING, Theodor: *Der jüdische Selbsthass*. Berlin 1930. Neuausgabe in französischer Übersetzung: Ders.: *La haine de soi ou le refus d'être juif*. Traduction, présentation et postface par Marice-Ruben Hayoun. Paris 2011.

LICHTENHAHN, Ernst: Titan und Ahasver. Auseinandersetzungen mit Richard Wagner. In: In: *Neue Zürcher Zeitung*, 10./11. Januar 2004, Beilage „*Literatur und Kunst*", 67. Siehe auch *NZZ Online*: http://www.nzz.ch/2004/01/10/li/article9509H.html (letzter Abruf am 4. Januar 2013).

LIEBS, Elke: *Das Verfahren der Verführung (Jean Paul: Titan)*. Potsdam 2000, http://publikationen.ub.uni-frankfurt.de/volltexte/2009/113270/ (letzter Abruf am 4. Januar 2013) (Projekt Loreley: Vernetzte Verführungsszenarien als elektronischer Text).

LINGNER, Michael: Der Ursprung des Gesamtkunstwerkes aus der Unmöglichkeit „Absoluter Kunst". Zur rezeptionsästhetischen Typologisierung von Philipp Otto Runges Universalkunstwerk und Richard Wagners Totalkunstwerk. In: Szeemann, Harald (Hg.): *Der Hang zum Gesamtkunstwerk. Europäische Utopien seit 1800*. Katalog der Wanderausstellung im Kunsthaus Zürich, 11. Feb. bis 30. April 1983 etc. Aarau – Frankfurt am Main 1983, 52–69.

LÜTTEKEN, Laurenz (Hg.): *Kunstwerk der Zukunft. Richard Wagner und Zürich (1849–1858)*. Unter Mitarbeit von Eva Martina Hanke. Katalog zur Ausstellung „Kunstwerk der Zukunft – Richard Wagner und Zürich (1849–1858)", Museum Bärengasse Zürich, 25. Juni bis 16. November 2008. Zürich 2008.

LÜTZELER, Paul Michael: Bürgerkriegs-Literatur. Der historische Roman im Europa der Restaurationszeit (1815–1830). In: Kocka, Jürgen (Hg.): *Bürgertum im 19. Jahrhundert. Deutschland im europäischen Vergleich*. 3 Bde. München 1988, III, 232–256.

MALISCH, Kurt: *Richard Wagner und Frankreich. Frankreich und Richard Wagner./Richard Wagner et la France. La France et Richard Wagner.* S. a. http://www.france-bayern.info/pdf/Kapitel_10_Beitrag_1_neu.pdf (letzter Abruf am 4. Januar 2013).

MANN, Thomas: Leiden und Größe Richard Wagners. In: Ders.: *Leiden und Größe der Meister.* Frankfurt am Main 1974, 73–136 (Bibliothek Suhrkamp 389).

MANZONI, Giacomo: Interesse an Wagner. In: *Michael Bakunin, Gottfried Semper, Richard Wagner und der Dresdner Mai-Aufstand 1849.* Symposium des Forschungsinstituts der Friedrich-Ebert-Stiftung am 27. Oktober 1995 in Dresden. Herausgegeben von der Friedrich-Ebert-Stiftung. Bonn 1995, 87–98.

MARQUARD, Odo: Gesamtkunstwerk und Identitätssystem. Überlegungen im Anschluss an Hegels Schellingkritik. In: Szeemann, Harald (Hg.): *Der Hang zum Gesamtkunstwerk. Europäische Utopien seit 1800.* Katalog der Wanderausstellung im Kunsthaus Zürich, 11. Feb. bis 30. April 1983 etc. Aarau – Frankfurt am Main 1983, 40–49.

MATZERATH, Josef (Hg.): *Der sächsische König und der Dresdner Mai-aufstand. Tagebücher und Aufzeichnungen aus der Revolutionszeit 1848/49.* Köln – Weimar – Wien 1999 (Quellen und Materialien zur Geschichte der Wettiner 1).

MAUSS, Marcel: *Soziologie und Anthropologie.* 2 Bde. Wiesbaden 2010 (Klassiker der Sozialwissenschaften).

METKEN, Günter: „Die Wiedergeburt des Musikdramas aus dem Geiste der Kunstgeschichte". Richard Wagner und die Künste. Aus Anlass des *Rings* von Pierre Boulez und Patrice Chéreau, Bayreuth 1978. In: Szeemann, Harald (Hg.): *Der Hang zum Gesamtkunstwerk. Europäische Utopien seit 1800.* Katalog der Wanderausstellung im Kunsthaus Zürich, 11. Feb. bis 30. April 1983 etc. Aarau – Frankfurt am Main 1983, 70–83.

MICHELS, Ulrich: *dtv-Atlas Musik.* 2 Bde. München 2005.

MÜLLER, Sven Oliver: *Richard Wagner und die Deutschen. Eine Geschichte von Hass und Hingabe.* München 2013.

MÜLLER, Sven Oliver: Einführung – Geschichte als Oper: Überlegungen zum Nutzen des Musiktheaters für die Geschichtswissenschaft. In: Wischermann, Clemens et al. (Hgg.): *GeschichtsBilder: 46. Deutscher Historikertag in Konstanz vom 19. bis 22. September 2006.* Berichtsband. Konstanz 2007, 136.

NAEGELE, Verena: Der Fliegende Holländer und Natur. In: Theater Basel (Hg.): *Programmheft zu Richard Wagners „Fliegendem Holländer"*, Spielzeit 2009, 10–13.

NIETZSCHE, Friedrich: *Briefwechsel. Kritische Gesamtausgabe.* Begründet und herausgegeben von Giorgio Colli und Mazzino Montinari, weitergeführt von Norbert Miller und Annemarie Pieper. Berlin etc. 1975–2004.

NIETZSCHE, Friedrich: *Werke. Kritische Gesamtausgabe.* Begründet von Giorgio Colli und Mazzino Montinari, weitergeführt von Volker Gerhardt et al. Berlin – New York 1967– .

NIETZSCHE, Friedrich: *Sämtliche Werke. Kritische Studienausgabe.* Herausgegeben von Giorgio Colli und Mazzino Montinari. München etc. 1980– .

NIETZSCHE, Friedrich: *Werke in drei Bänden.* Herausgegeben von Karl Schlechta. Darmstadt 1997 (= *Werke*).

N. N.: Musik/Wagner: Giftige Ranken. In: *DER SPIEGEL* 50 (1970), 190–198.

OBERHOFF, Bernd: *Richard Wagner. Der Ring des Nibelungen. Eine musikpsychoanalytische Studie.* Gießen 2012 (Imago).

ORFEI, Nadja-Irena: *Wiener Spaziergänge mit Wagner. Daniel Spitzers satirischer Blick auf Richard Wagner.* Diss. Freiburg (CH) 2007. eThesis: http://ethesis.unifr.ch/theses/downloads.php?file=OrfeiN.pdf (letzter Abruf am 4. Januar 2013).

POLIAKOV, Léon: *The History of Anti-Semitism.* 3 vols. Vol. 3: *From Voltaire to Wagner.* London 1975.

PORAT, Dinah: *The Impact of Wagner's Concepts on the Nazi Movement.* Kurzfassung des Beitrags zum Symposium „Wagner und die Juden", Bayreuth, 6. bis 11. August 1998, http://goldenpages.jpehs.co.uk/static/conferencearchive/98-8-wuj.html (letzter Abruf am 4. Januar 2013).

PUMPE, Jutta: „Das ist das europäische Laster, dass alle sagen: ‚Das geht mich nichts an!‘“. Die „Judenfrage“ in Wien um die Jahrhundertwende. In: Ulm, Renate (Hg.): *Gustav Mahlers Symphonien. Entstehung – Deutung – Wirkung*. Kassel ⁴2007, 333–343 (Bärenreiter Werkeinführungen).

RANK, Otto: Der Doppelgänger. In: *Imago* III.2 (1914), 97–164.

RATH, Norbert: Zur Nietzsche-Rezeption Horkheimers und Adornos. In: van Reijen, Willem/Schmid Noerr, Gunzelin (Hgg.): *Vierzig Jahre Flaschenpost: „Dialektik der Aufklärung“ 1947–1987*. Frankfurt am Main 1987, 73–110 (Fischer Taschenbuch 6566).

RATTNER, Josef: Richard Wagner im Lichte der Tiefenpsychologie. In: Müller, Ulrich/Wapnewski, Peter (Hgg.): *Richard-Wagner-Handbuch*. Stuttgart 1986, 777–791.

RECKNAGEL, Marion: „Geringe Fühlung“: Gustav Mahler und die Musikstadt Leipzig. In: *Jahrbuch des Simon-Dubnow-Instituts/Simon Dubnow Institute Yearbook*. Herausgegeben von Dan Diner. Simon-Dubnow-Institut für jüdische Geschichte und Kultur an der Universität Leipzig. Band XI (2012). Göttingen, 163–178.

ROHRBACHER, Stefan/SCHMIDT, Michael: *Judenbilder. Kulturgeschichte antijüdischer Mythen und antisemitischer Vorurteile*. Reinbek bei Hamburg 1991 (Rowohlts Enzyklopädie 498. Kulturen und Ideen).

SAFRANSKI, Rüdiger: *Romantik. Eine deutsche Affäre*. München 2007.

SCHEIT, Gerhard/SVOBODA, Wilhelm: *Feindbild Gustav Mahler. Zur antisemitischen Abwehr der Moderne in Österreich*. Wien 2002.

SCHNELLER, Daniel: *Richard Wagners „Parsifal“ und die Erneuerung des Mysteriendramas in Bayreuth. Die Vision des Gesamtkunstwerks als Universalkultur der Zukunft*. Bern 1997.

SCHOEPS, Julius H./SCHLÖR, Joachim (Hgg.): *Antisemitismus. Vorurteile und Mythen*. München 1995.

SCHOFFMAN, Nachum: Manns „Wälsungenblut“ and Wagners „Walküre“. In: *The Music Review*, Jg. 55, H. 4, 1994, 293–310.

SCHOLZ, Dieter David: *Wagners Antisemitismus. Jahrhundertgenie im Zwielicht.* Darmstadt 2013.

SCHOLZ, Dieter David: *Richard Wagner. Eine europäische Biographie.* Berlin 2006.

SCHOLZ, Dieter David: *Ein deutsches Missverständnis. Richard Wagner zwischen Barrikade und Walhalla.* Berlin 1997.

SCHOLZ, Dieter David: *Richard Wagners Antisemitismus.* Diss. Würzburg 1993 (Epistemata. Reihe Literaturwissenschaft 95) (vgl. hierzu auch die Buchrezension von Ulrich Drüner [s. o.]).

SCHORSKE, Carl E.: *Wien. Geist und Gesellschaft im Fin de Siècle.* Frankfurt am Main 1982.

SCHUBERT, Giselher : Die Zeit des Übergangs. Stilkunde der Musik des 20. Jahrhunderts – Folge I: Spätromantik oder Moderne. In: *Fono Forum* 1 (2008), 28–31.

SCHWARA (ŠVARA), Desanka: *Unterwegs. Reiseerfahrung zwischen Heimat und Fremde in der Neuzeit.* Göttingen 2007.

ŠEFI, Naʿama: Der Ring der Mythen. Die Wagner-Kontroverse in Israel. Göttingen 2002.

SELJAK, Anton: *Friedrich Nietzsche. Wegbereiter der philosophischen Moderne. Eine Annäherung.* 2., neu bearbeitete und mit einem Register versehene Auflage. Norderstedt 2012(a).

SELJAK, Anton: Wagner und Nietzsche: Etappen einer „Sternenfreundschaft". In: Ders.: *Friedrich Nietzsche. Wegbereiter der philosophischen Moderne. Eine Annäherung.* 2., neu bearbeitete und mit einem Register versehene Auflage. Norderstedt 2012(b), 86–125.

SELJAK, Anton: Literatursoziologie (Niklas Luhmann, Pierre Bourdieu, Lucien Goldmann). In: Schmid, Ulrich (Hg.): *Literaturtheorien des 20. Jahrhunderts.* Stuttgart 2010, 223–245 (Reclams Universal-Bibliothek 15232).

SELJAK, Anton: „Всегда питал и питаю живое сочувствие к евреям":
Ambivalenzen des antisemitischen Diskurses bei I. S. Turgenev. In:
Weitlaner, Wolfgang (Hg.): *Kultur. Sprache. Ökonomie. Beiträge zur
gleichnamigen Tagung an der Wirtschaftsuniversität Wien 3.–5. Dezember 1999.* Wien 2001, S. 115–134 (Wiener Slawistischer Alma-
nach, Sonderband 54).

SIMMEL, Georg: Die Großstädte und das Geistesleben. In: *Die Großstadt.
Vorträge und Aufsätze zur Städteausstellung. Jahrbuch der Gehe-
Stiftung zu Dresden.* Herausgegeben von Theodor Petermann. Band 9.
Dresden 1903, 185–206, eText: http://socio.ch/sim/verschiedenes/19
03/grossstaedte.htm (letzter Abruf am 4. Januar 2013).

SIMMEL, Georg: Die Kreuzung sozialer Kreise. In: Ders.: *Soziologie. Untersuchung über die Formen der Vergesellschaftung.* Berlin ⁵1968
(1908), 305–344 (Gesammelte Werke, Bd. 2).

STACHEL, Peter/THER, Philipp (Hgg.): *Wie europäisch ist die Oper? Die
Geschichte des Musiktheaters als Zugang zu einer kulturellen Topo-
graphie Europas.* Wien 2008 (Die Gesellschaft der Oper. Musikkultur
europäischer Metropolen im 19. und 20. Jahrhundert 3).

STORCK, Karl: *Musik und Musiker in Karikatur und Satire.* Oldenburg
1910.

SZEEMANN, Harald (Hg.): *Der Hang zum Gesamtkunstwerk. Europäische
Utopien seit 1800.* Katalog der Wanderausstellung im Kunsthaus Zürich, 11. Feb. bis 30. April 1983 etc. Aarau – Frankfurt am Main 1983.

SZEEMANN, Harald: „Vorbereitungen". In: Ders. (Hg.): *Der Hang zum
Gesamtkunstwerk. Europäische Utopien seit 1800.* Katalog der Wan-
derausstellung im Kunsthaus Zürich, 11. Feb. bis 30. April 1983 etc.
Aarau – Frankfurt am Main 1983, 16–19.

ŠEFI, Naʿama: *Der Ring der Mythen. Die Wagner-Kontroverse in Israel.*
Göttingen 2002 (Schriftenreihe des Instituts für deutsche Geschichte,
Universität Tel Aviv 22).

THER, Philipp: *In der Mitte der Gesellschaft : Operntheater in Zentral-
europa 1815–1914.* (Eröffnungsstück für ein internationales For-
schungsprojekt über „Die Oper im Wandel der Gesellschaft. Die Mu-
sikkulturen europäischer Metropolen im ‚langen' 19. Jahrhundert").
Wien 2006 (Die Gesellschaft der Oper).

THOMÄ, Dieter: *Totalität und Mitleid. Richard Wagner, Sergej Eisenstein und unsere ethisch-ästhetische Moderne.* Frankfurt am Main 2006 (Suhrkamp Taschenbuch Wissenschaft 1765).

VOGT, Mario-Felix/LEIKERT, Sebastian/OBERHOFF, Bernd: „Tönend bewegte Psyche". Musik und Psychoanalyse. In: *Fono Forum* 7 (2010), 30–34.

VOSS, Egon: Der symphonische Wagner. Zur Matinee des BR-Symphonieorchesters. In: *Lucerne Festival zu Ostern, 8.–16. März 2008. Konzertprogramm 3*, 60–66.

VOSS, Egon: *Richard Wagner. Dokumentarbiographie.* München – Mainz 1982 (Goldmann-Taschenbuch 33081).

VRATZ, Christoph: Ästhetische Elefantiasis. In: *Fono Forum* 7 (2010), 18–23.

WAGNER, Cosima: *Die Tagebücher.* 2 Bde (Band 1: 1869–1877; Band 2: 1878–1883. Editiert und kommentiert von Martin Gregor-Dellin und Dietrich Mack. München – Zürich 1976 (Band 1) / 1977 (Band 2).

WAGNER, Richard: *Werke, Schriften und Briefe.* Elektronische Daten. Herausgegeben von Sven Friedrich. Berlin 2004 (Digitale Bibliothek 107) (= *Werke, Schriften und Briefe*).

WAGNER, Richard: *Dichtungen und Schriften.* Jubiläumsausgabe in zehn Bänden. Herausgegeben von Dieter Borchmeyer. Frankfurt am Main 1983 (= *Dichtungen und Schriften*).

WAGNER, Richard: *Das Judentum in der Musik.* In: Ders.: *Die Kunst und die Revolution. Das Judentum in der Musik. Was ist deutsch?* Herausgegeben und kommentiert von Tibor Kneif. München 1975, 51–77 (= *Das Judentum in der Musik* [1850]).

WAGNER, Richard: *Sämtliche Briefe.* Herausgegeben im Auftrage der Richard-Wagner-Stiftung Bayreuth von Gertrud Strobel et al. Leipzig 1967– (= *Briefe*).

WAGNER, Richard: *Mein Leben*. Erste authentische Veröffentlichung. (Vollständiger Text unter Zugrundelegung der im Richard-Wagner-Archiv Bayreuth aufbewahrten Diktatniederschrift, ergänzt durch Richard Wagners Annalen 1864 bis 1868; vorgelegt und mit einem Nachwort von Martin Gregor-Dellin). München 1963 (= *Mein Leben*).

WAGNER, Richard: *Sämtliche Schriften und Dichtungen*. Volksausgabe. Leipzig [6]1912–1914 (= *Sämtliche Schriften und Dichtungen*).

WAGNER, Richard: *Gesammelte Schriften und Dichtungen*. Leipzig [3]1897–1898 (= *Gesammelte Schriften und Dichtungen*).

WAGNER, Richard: *Das Judentum in der Musik*. Leipzig 1869 (Fassung von 1869 im Kontext mit dem öffentlichen Brief an Gräfin Marie Muchanov), http://mydocs.strands.de/MyDocs/05845/05845.pdf (letzter Abruf am 4. Januar 2013) (= *Das Judentum in der Musik* [1869]).

WAPNEWSKI, Peter: *Richard Wagner. Die Szene und ihr Meister*. Berlin 2010.

WAPNEWSKI, Peter/KERTÉSZ, Imre: *Der Fall Wagner – ein Gespräch*. Literaturnobelpreisträger Imre Kertész im Gespräch mit Peter Wapnewski. Moderation: Albrecht Thiemann. Potsdam 2004 (Hörbuch, 1 CD).

WAPNEWSKI, Peter: *Tristan der Held Richard Wagners*. Berlin 2001.

WAPNEWSKI, Peter: *Der traurige Gott. Richard Wagner in seinen Helden*. München 1978.

WEINER, Marc A.: *Antisemitische Fantasien. Die Musikdramen Richard Wagners*. Berlin 2000 (Originaltitel: *Richard Wagner and the Anti-Semitic Imagination*).

WEINER, Marc A.: *Richard Wagner and the Anti-Semitic Imagination*. Lincoln (Nebraska) 1995 (Texts and Contexts; University of Nebraska Press 12).

WEHLER, Hans-Ulrich: *Von der „Deutschen Doppelrevolution" bis zum Beginn des Ersten Weltkrieges, 1849–1914*. München 1995 (Deutsche Gesellschaftsgeschichte 3).

WHITE, Harry et al. (Hgg.): *Musical Constructions of Nationalism: Essays on the History and Ideology of European Musical Culture, 1800–1945.* Cork 2001.

ZELINSKY, Hartmut: Verfall, Vernichtung, Weltentrückung. Richard Wagners antisemitische Werk-Idee als Kunstreligion und Zivilisationskritik und ihre Verbreitung bis 1933. In: Friedländer, Saul/Rüsen, Jörn (Hgg.): *Richard Wagner im Dritten Reich.* Ein Schloss Elmau-Symposion. München 2000, 309–341 (Beck'sche Reihe 1356).

ŽIŽEK; Slavoj: Why is Wagner Worth Saving? In: *Journal of Philosophy & Scripture* Vol. 2, Issue 1 (Fall 2004), 18–30.

ŽIŽEK, Slavoj: *Der zweite Tod der Oper.* Berlin 2003(a) (Kulturwissenschaftliche Interventionen 1).

ŽIŽEK; Slavoj: Tanz der lebenden Toten. Bayreuth ist vitaler als all seine Kritiker und Wagner in Wahrheit kein Antisemit. In: *ZEIT ONLINE* 33 (2003[b]), http://pdf.zeit.de/2003/33/Bayreuth_2fRing.pdf (letzter Abruf am 28. Februar 2013).

Register